AF345960

哈尔滨出版社
HARBIN PUBLISHING HOUSE

图书在版编目(CIP)数据

常识：影响世界历史里程的书 /（美）潘恩（Paine，T.）著；
李玉冰译．—哈尔滨：哈尔滨出版社，2012.6（2016.9 重印）
ISBN 978-7-5484-0913-7

Ⅰ.①常…　Ⅱ.①潘…　②李…　Ⅲ.①政治思想史 —
美国 — 近代　Ⅳ.①D097.124

中国版本图书馆 CIP 数据核字 (2012) 第 012585 号

书　　名：**常识——影响世界历史里程的书**

作　　者：[美]托马斯·潘恩　著
译　　者：李玉冰　译
特约编辑：李异鸣　杨　肖
责任编辑：杨　磊　邹德萍
封面设计：小萌虎文化设计部：李心怡

出版发行：哈尔滨出版社（ Harbin Publishing House ）
社　　址：哈尔滨市松北区世坤路 738 号 9 号楼　　邮编：150028
经　　销：全国新华书店

网　　址：www.hrbcbs.com　　www.mifengniao.com
E－mail：hrbcbs@yeah.net
编辑版权热线：(0451)87900271　87900272
销售热线：(0451)87900202　87900203
邮购热线：4006900345　(0451)87900345　87900256

开　　本：889mm×1194mm　　1/32　　印张：6.375　　字数：218 千字
版　　次：2012 年 6 月第 1 版
印　　次：2016 年 9 月第 2 次印刷
书　　号：ISBN 978-7-5484-0913-7
定　　价：29.80 元

凡购本社图书发现印装错误，请与本社印制部联系调换。　**服务热线：**(0451)87900278

目录

　　下文提到的观点，或许还不足以流行到能为它们自己赢得大众普遍的青睐；长期以来人们形成了一种习惯，那就是不去思考事情的对错，而这样的习惯也给一件事情蒙上了貌似正确的表象，起初出于对风俗习惯的保护，这些观点可能会遭遇人们强烈的反对。然而，骚动很快就会平息。毕竟时间比理性更懂得如何转变人们的思想。

　　长期滥用权力常会引发人们对权力本身正当性的质疑（如果没有激怒受害者来追究这些事情，那么它们可能永远也不会被人们想起），由于英格兰国王已经决定靠自己来支持他所谓的"自己的"议会，也由于这个国家善良的人民遭受着多方的残酷压迫，他们无疑有权利来质疑国王和议会的资格，同样也能拒绝他们的侵犯。

　　下文中，作者谨慎地回避了所有可能掺杂个人情感的东西。亦没有任何对个人的赞美及谴责。智者和杰出人士不需要借助这本小册子的成功来扬名天下；而那些言语不明智、不友好之人也终会自缄其口，转变他们着实要花很大力气。

　　在很大程度上，我认为美国的事业就是全人类的事业。很多已出现和即将出现的情况不只局限于本地，而具有普遍性，倘若这影响到了所有人类爱好者的信条，那么他们的情感则是举足轻重的。通过烈火和刀剑使一个国家荒芜，向全人类的自然权力开战，将地球上人类权力的拥护者赶尽杀绝，这是在考虑到权力时每个人都会有的担心；无惧于政党谴责，本书的作者永远都是这些人中的一位。

附言：本书新版本的出版时间已经有所延迟，目的是来发现（如果需要的话）任何企图反驳"独立主义"的论调。鉴于尚未有任何回应，那么现在假定没有人会提出异议，征求公众意见所需要的时间也被认为早已过期。

至于本书作者是谁，公众大可不必知道，因为受关注的主体理应是主义本身，而不是作者本人。然而有必要说明的是，作者本人与任何党派无任何瓜葛，亦不受任何个人或公众的影响，其只受制于理性和主义。

1776年2月14日书于费城

>>> 谈政府的起源和目的，兼评英国政体

一些作家把政府与社会混为一谈，认为它们之间有很少或没有区别；然而，它们不仅有区别，甚至有着不同的起源。社会因我们的需要产生，政府则由我们的罪恶出现；前者通过汇聚我们的情感来从正面提升我们的幸福，后者则通过限制我们的罪恶来从反面提升我们的幸福。一个鼓励交流，另一个制造差别。前者扮演守护者的角色，后者则处在惩罚者的位置。

社会在任何状态下都是人民的福祉，然而政府，即使在其最好的状态，也不过是一个无法避免的恶魔，在其最坏的状态时，则令人无法忍受。当我们遭受痛苦，或遭受政府带来的同等痛苦时，或许这些痛苦我们也会在无政府的国家遇到，然而想到忍受的痛苦是自己一手造成，我们的不幸显得更加悲惨！政府，如同衣服，是已失去纯真的象征；像构建在天堂凉亭废墟之上的国王宫殿。因为当良心的推动是明确、统一、不可抗拒且必须服从时，人便不需要其他立法者；但是如果情况不是这般，人便发现有必要牺牲一点自己的财产来提供保护其他人财产的手段；而且就像在其他情形中那样，审慎

诱导人们两害相权取其轻。因此，安全保障是政府设立始末的真正目的，毫无疑问，用最低成本、最大利润以不论什么方式保障人民安全的政府是所有人所青睐的。

为了清晰、正确地了解政府的设计和目的，我们假定在地球某个偏僻的角落居住着一小群人，他们过着与世隔绝的生活，代表着某个国家或整个世界上的第一批人。在天赋自由的状态里，他们最先想到的是社会。有上千个动机刺激他们这么来想，一个人的力量远不够满足自己的需求。思想与长久的孤独如此格格不入，这些因素快速导致一个人从他人那里寻求帮助和宽慰，反过来他人也有着同样的需求。四五人团结一起可在旷野之中生存下来，然而，单个人穷尽一生可能也劳无所获。他移动不了自己砍伐的木材，即便可以移动，也无法将其竖立；同时饥饿可能让他无法继续工作，不同的需求要他做各种事情。疾病，甚至不幸可能导致死亡，虽然每一项都不足以致命，然而每一项都会让他难以生存下去，最终使其陷入一种与其说是等待死亡，不如说是等待毁灭的状态。

因此，如同重力一样，需求很快把新来的移民融入到社会中，当人们彼此能够做到公正以待时，社会成员间的相互帮扶便可取代政府和法律界定的责任，而且使它们的存在显得那么多余。除固若金汤的天国之外，万物皆有衍生罪恶的可能，而罪恶也将不可避免地发生，它会随着人们克服移民之初遇到的困难而成比例地攀升。正是这一原因将人们结集在一起，他们开始玩忽职守，开始懈怠对彼此的依赖，而且，此种疏忽表明，很有必要通过建立某种形式的政府来弥补道德层面上的缺陷。

人们可用附近的一些树木搭建一座州议院，因此殖民地的居民也可聚集在议院内讨论公共事务。可以说，最初制定的法律只不过空有其名，而且只是依靠公共道德来执行。在最初的议会中，因为天赋权利所以每个人都拥有一席位置。

然而，随着殖民地的扩张，公共的关注也随之增加，殖民地居民居住地的分散，使得为每次事件把所有人都聚集起来变得十分有难度，因为这不比从前，起初殖民地居民较少，居住地邻近，而且公共的关注少且琐碎。人们渐渐意识到，从全体居民中选出部分成员来代表大家处理立法事宜将会非常可行，经选举而来的部分成员在危急关头须与推举他们的人民保有一样的关注，处理事情的方式也要能够代表大众，就如同他们在场一样。假使殖民地继续扩张，就有必要来增加代表人员的数量，殖民地各方势力的利益也要照顾到，慢慢人们发现，最好的办法就是将整个殖民地划分为各个适当的局部区域，各区域派遣适宜数量的代表。为了确保被选人员总是能够代表选举人的利益，人们谨慎地意识到，有必要将选举的举办常态化，因为这样一来，被选人深知自讨麻烦的后果，几个月后当他们回到选举人中间时，他们对公众的忠诚度将受到保护。这种频繁的交流使得社会各部门间建立起了共同利益，人们自然而然地互相扶持，而且，统治者的实力、被统治者的幸福也都取决于此（而不是取决于国王那无实义的称谓）。

政府就是这样起源并兴盛起来的。也就是说，政府管理模式的诞生是因伦理道德已无力统治世界，而且这也是政府的设计和目的，即自由和安全。尽管白雪可能会刺到我们的眼睛，尽管声音可能会欺骗我们的耳朵，尽管偏见可能会扭曲我们的意志，甚至利益会模糊我们的理解力，但自然和理性却用最朴素的声音告诉世人，这一切没有错。

受自然界一个法则的启发，我对政府形式有了一些认识，而这个法则是任何事物都无法推翻的法则，即一件事物越是简单，它就越不易出现问题，即使出现问题后也越容易修复。基于这一真理，我想针对备受吹嘘的英国政体简单谈一下自己的想法。在黑暗奴隶制时代诞生的英国政体，就当时来说，是顺应时代需求。当整个世界都处在专制统治下，任何尝试改变这一现状的行为都是伟大的。然而，很明显，当前的英国政体并不完善，极其容易引发社会动乱，而且总是不能兑现自己所作的承诺。

专制政府（尽管违背人的本性）自身也有优点，那就是，这种形式很简单。如果人们遭受痛苦，它便会知道导致人民痛苦的源头，知道如何解决，也不会迷茫于各种各样的原因以及解决办法中。但是，英国政体极其复杂，以至于这个国家遭受苦难数年，也没能发现错误所在，某些人说是因为这样，另外一些人说是由于那样，而且每个政治医生所开的药方也都有所不同。

我了解，要克服狭隘、持续已久的偏见很困难，然而如果我们仔细观察英国政体的组成部分，会发现它是两种古老专制政体的遗存，并杂糅了一些新的共和元素。

首先，以国王为代表的君主专政遗存。

其次，以贵族为代表的贵族专政遗存。

最后，以英国国会下院为代表的新共和元素，这些人的品质决定了英国的自由。

前两者为世袭制，与人民无关，因此，从宪法本身来讲，它们对国家的自由毫无贡献可言。

英国政体是三种力量的结合与相互制约，这种说法是可笑的，要么这些词语无任何意义，要么它们是底气不足的自相矛盾。

英国国会下院会监督国王的行为，且预先假定两件事情。

首先，没人监督的国王是不可信的，换言之，对决定权利的渴望是君主制的通病。

其次，受委托监督国王的英国国会下议院议员们，要么比国王更加聪明，要么比国王更加值得信任。

但是，作为同一个政体，它给了下议院议员们监督国王的权利，议员可以抑制国王的物资需求，然而国王也有权利牵制议员，国王可以否决议员提出的其他议案——这又是来假定国王比那些原本比他聪明的人更为聪明。荒谬至极！

在君主政体的构成中，有些地方非常可笑：它先是剥夺了一个人获取信息的手段，然后授权此人在需要作出最好判断时当机立断。国王的生存状态使他与世隔绝，而国王的责任则要求他通晓世事，因此，导致各个不同方面违反习俗，互相反抗，互相摧毁，这也证明了整个政体是荒唐且无用的。

一些作家曾这样解释英国政体，他们说，国王是一回事，人民则是另外一回事；贵族是代表国王利益的上议院；而下议院的议员则代表了人民。但是这把议院分割成对立的两个派系，尽管用来表达的措辞很漂亮，但细看却发现这些措辞显得空洞且含糊不清。下面这样的事情总会发生：最美的辞藻如若用来描述那些要么不存在的事情，要么描述那些无法用言语表达的复杂事情时，它们只不过是具有声音的词语而已。这些词语或许听起来十分悦耳，但它们却不能传达思想，因为此解释包含一个需要预先回答的问题，即是，国王是如何得到人们不敢给予，且总要参与控制的权利的。智者是不会赐予他这种权利的，上帝也不会赐予他任何需要监督的权利，然而根据政体所作的规定，他存有这样的一种权利。

但政体的规定是相矛盾的。这样的方式要么不能、要么不愿实现既定目标，而整个事件也就等同于自杀。重量较重的一头总会跷起重量较轻的一头，就如同一架机器上面轮子的转动需有其中一个来带动，现在只需要知道英国政体中哪一个权势最重，那么便知道哪一个将起统领作用。尽管其他势力，或者其他势力中的一部分可能阻碍，或有这样的说法，他们可能会牵制运转的速度，然而，他们没有能力停止这一行为，而且其努力也将白费。第一原动力最终会走出一条自己的路，而且它在速度上的缺憾会通过时间得到补偿。

王权是英国政体中最霸道的一个部分，这点已无需提及，它通过给予官职和退休金确立的影响是显而易见的，因此，尽管我们足够智慧地关闭并且锁上通往绝对专制的那扇门，但同时我们也相当愚蠢地给了王权开启这扇门的钥匙。

英国人的偏见，使得他们偏爱由国王、贵族以及议员们组成的属于他们自己的政府，而这种偏爱更多的是源于民族自豪感，而非理性。毫无疑问，在英国的人民要比在任何其他国家都更为安全，但是国王的意志就像是这个国家的法律，这点英国和法国情况一样，区别在于，国王的意志并非由他自己亲口陈述，而是通过英国议会的法例这种令人望而生畏的形式传达给人民。查尔斯一世的命运使得国王们更加细致入微，却不是更为公正。

因此，在将所有民族自豪感以及对模式、形式的偏爱置于一边时，显而易见的事实就是，英国的国王之所以不像土耳其的国王那样残虐，完全是因为英国人民的素质，并非英国政府的体制。

此时此刻，调查英国政府形式里面体制性的错误是非常有必要的，原因是，当继续受到一些主要的偏袒影响时，我们便永远都不能处在公平的立场上对待别人，当继续受制于顽固的偏见时，我们永远也不能公正地对待自己。就像一个迷恋嫖娼的男人无法正确选择或者评价自己的妻子一样，任何偏爱政府腐朽体制先入为主的思想都不能让我们发现一个优良的体制。

>>> 谈君主制和世袭制

就上帝造人的顺序来讲，人是生而平等的，只有一些后来的环境才可以打破这种平等。贫富差距，或许在很大程度上会被计算在内，且不用求助于压迫和贪婪，它们的名字听起来是那么刺耳。压迫总是结果，很少或者从来不曾是财富的手段；尽管贪婪会让一个人远离极度的贫困，但是它也总让人在争取财富时变得胆小如鼠。

然而没有任何真正的自然或宗教原因可以解释为何君臣有别。男女确实性质有别，好坏自有上帝来分。但人类种族如何来到世界凌驾万物之上，如何作为新的物种超凡出群，以及它们对人类来说不知是乐还是苦的手段，这些都值得探讨。

据圣经年表记载，很早之前，世上本没有君主。没有君主的结果就是没有战争，让人类惊慌失措是君主的骄傲。没有君主的荷兰曾比欧洲其他任何君主专制政府多享受了整整一个世纪的和平。古代也偏好同样的论调。较第一批创始人清静的乡村生活来说，却有一些快乐在其中，然而当历史进入犹太王朝时，它却消失殆尽。

君主的政府最先由异教徒介绍给全世界。从异教徒开始，以色列的孩子复制了这一习惯。这是自魔鬼着手实施邪神崇拜的推广以来最为繁荣的发明。异教徒给已故的君主以神圣的荣誉，基督教世界则通过给活着的人做同样的事情将这一计划发扬光大。神圣威严的头衔被用到一个可鄙之人身上，是何其不敬！此人却正在他的辉煌之中瓦解星散归入尘土。

基甸和先知塞缪尔宣称，当对一个人的擢升太过，以至凌驾于其他人时，便不能以自然的平等权利来辩护，既不能靠圣经的权威，也不能用上帝的意志来辩护，而这点却遭到君主政府的明确反对。所有圣经反帝王专制的部分已然被君主政府不费吹灰之力地作了掩饰，但是它们无疑值得那些仍未形成政府的国家注意。"恺撒的物当归给恺撒"是法院的圣经教义，它不支持君主政府，因为那时候犹太人还没有君主，而且是以家臣的身份隶属于罗马人。

自《圣经》诞生以来，已过去近三千年，在这之前错觉使得犹太人认为他们需要一个君主。那时，他们的政府体制（特殊情况除外，如上帝介入）是由法官以及部落长者来管理。没有君主，除了长者外，任何授予君主头衔的行为都是罪恶的。当一个人深思人们给君主的偶像崇拜时，无需疑惑，提起上帝，哪怕你曾经嫉妒他的荣耀，他不应该赞成任何一种形式的政府，因为这如此不虔诚地侵害了天堂的特权。

在《圣经》中，君主制被认为是犹太人的原罪之一，而且他们也为此受到诅咒。此事的相关历史也值得研究。

以色列后裔长期受到基甸人的压迫，基甸率领一小支部队向他们发起进攻，神灵为了自己的利益介入了这场战争，最终基甸取得了胜利。欢呼雀跃的犹太人将胜利归功于基甸的领导能力，犹太人民提议封这位勇士为王，并且说道："请来统治我们吧，你，你的儿子，以及你儿子的儿子。"这是多大的诱惑啊，不仅是要他去统治一个王国，更是去统治一个世袭的王国，但基甸用他虔诚的灵魂告诉人们："我不会统治你们，我的儿子也不该来统治你们，应该统治你们的是主。"基甸的话再清楚不过了，他不是在拒绝这一荣耀，而是否认了犹太人拱手相让此荣耀的权利。基甸也没有刻意捏造感谢的话来恭维犹太人，而是以一位先知的积极姿态把对政治不满的人民交给他们真正的君主，那就是上帝。

大约130年之后，人们再次犯了同样的错误。犹太人对异教徒偶像崇拜习俗的渴望实在让人难以理解。塞缪尔的两个儿子受命来管理一些世俗事务，人们却最终发现他们行为不端，于是大家吵闹着来到塞缪尔跟前，说道："你看，你年纪大了，你的儿子们也没有沿着你铺的路继续统治，现在我们需要的是一个可以评判我们的国王，就像其他国家一样。"此刻不得不说他们的动机有问题，因为他们可能想和其他民族一样，比如，像异教徒，然而他们真正的荣誉却是尽可能地与异教徒不同。当他们跑去找塞缪尔说："我们需要一个国王来评判我们。"这时塞缪尔不高兴了，他向耶和华祷告，耶和华回复："去倾听人民内心的声音，因为他们还没有摒弃你，但他们已经抛弃我了，我不该再统治他们了。自我领导人民出埃及以来，根据他们一直以来的行为，我已被遗弃，而且他们选择听命于其他诸神。他们尚且还效忠于你。所以现在倾听他们的声音，严肃地提出你的抗议并且告诉他们国王应该如何统治他们。" 这里并不特指某个具体的国王，而是泛指以色列人民急于照搬的地球上国王的通用方式。尽管时代不同，国王的行事方式也有所不同，性质却未曾改变。塞缪尔将耶和华说的话全部转达给向他索要国王的犹太人民。而且他还告诉人们，即将统治你们的国王会这么做：他会派遣你们的儿子去为他驾驭战车，充当他的马夫，为他鞍前马后（这段描述与某些人使役他人的现有模式非常吻合），派他们当千夫长，五十夫长，让他们耕田种地，收割庄稼，打造兵器以及战车所需器械；派遣你们的女儿制作糖食，烹调烘焙食物（这既描述了国王奢侈的消费，也道出了他对人民的压迫）；他会占用你们最好的农田及橄榄园，却把它们赐予他的仆人；他会把你葡萄园收获的果实十分之一占为己有，而且分发给他的官员和仆人们（由此我们看到贿赂、腐败以及偏袒都是国王惯有的恶习），占用你十分之一的男仆，女婢，健壮的少年以及你们的驴子，来供他们差使；取你十分之一的羊群而且你还得做他的仆人，那时你们会因为自己所选的国王而向耶和华抱怨，但耶和华将不会应答。这些都帮忙解释了君主制度下人民的生活状态，仅靠历史上曾出现过的几位优秀国王的品行，不足以来使此封号神圣化，也不能够抹去君主制原始的罪恶。人民唱赞歌歌颂大卫，却从未把他当成国王，而是当做符合上帝心意的人选。然而，人们拒绝听从塞缪尔，他们说道："不，我们要一个管理我们的国王，这样的话，我们就和其他国家一样了，我们的国王可以评判统领我们，甚至为我们而战。"塞缪尔继续讲给他们道理，然而毫无效果；他告诉人们这样做是忘恩负义，但仍不起作用。看见他们执迷不悔地愚蠢下去，塞缪尔大声呼喊："我要呼求耶和华，他必打雷降雨（这是一种惩罚，因为当时正值麦收时节），这样你们才能明白，要求立王的事情在耶和华眼里是行了大恶。"因此塞缪尔向耶和华呼求，耶和华当真在这天打雷降雨了，众人对耶和华和塞缪尔十分敬畏，于是大家对塞缪尔说："求你向你的神主祷告，饶我们不死，因为要求立王我们已经犯了大罪。"经文的这部分描述直截了当，毫不含糊。在这里上帝对君主制政府的不满是真实存在的，除非经文有错。而且人类有理由相信在天主教国家，国王和牧师不会毫不掩饰地将《圣经》介绍给公众。任何形式的君主制都是天主教会的政府。

除了罪恶的君主制外，我们还发明了世袭制。前者体现我们的堕落和退化，而后者，尽管宣称为权利，它却是对我们后代子孙的侮辱与强迫。因为所有的人都是生来平等的，没有人生来就有让自己的家庭永久凌驾于他人家庭的权利，尽管他自己可能会赢得一些来自同伴的尊重，但是他的后代可能远远没有资格去享有这些尊重。最可以用来证明国王世袭制权利愚蠢之处的证据就是，天理不赞成这种制度，否则，她不会在人类要狮子时给一头驴，以此来讽刺世袭制度。

其次，除了授予的头衔外，起初没有人能够拥有任何其他公众头衔，因此授予头衔的这些人没有权利放弃后代子孙的权利，而且尽管他们可能会说："我们选你做首领"。但他们不能说："你的孩子，你孩子的孩子应该永远统治我们。"而且不让人觉出对他们的孩子明显不公正。因为这样一个不明智、不公平、违反常理的合约在，下一个世袭制阶段可能会把他们的孩子置于一个流氓或一个傻瓜的管理之下。大多数智者，私下对世袭制都非常鄙视，然而，世袭制的罪恶本性，使得其一旦建立便很难消灭。很多人因恐惧而向世袭制投降，一些人因迷信而屈服，而最强势的那部分人却和国王联手一并欺压百姓。

我们以为当今世上的国王都拥有高贵的出身，然而可以肯定的是，如果我们能够揭开历史的神秘黑纱，追溯到其发源地，将会发现第一位国王比土匪头子其实强不了多少，也不过都是靠粗暴无礼，狡猾过人在掠夺者中当了头儿而已。随着势力的扩大，杀掠的扩展，国王使沉默不语、手无缚鸡之力的百姓通过进贡来保全自己的安危，从而实现自己威信的树立。然而，国王的选民们并不愿意将世袭权赋予他的后裔，因为对选民权利的永久剥夺与他们信奉的自由、不受约束的原则背道而驰。因此，君主制早期出现的世袭制度不能因为被宣称过就任意存在，而是属于偶发情况或是作为一种后续补充。但关于当时的情况，只有很少或甚至找不到记录，而传统历史充斥着太多神话故事亦不可轻信，因此，经过几代人之后，很容易适时捏造一些穆罕默德式的神话故事来把世袭权灌输给平民百姓。或许领袖的去世，新领袖的选择会引发混乱（因为流氓之间的选举不可能非常有秩序），于是导致起初人们都青睐世袭权的主张，世袭制就这样诞生了。它出现以后，起先被认为是一种方便，后来则被宣称为是一种权利。

自英格兰被诺曼人征服以来，出了不少贤明的君主，但更多君主是邪恶的。英格兰在这些人的压迫之下痛苦喘息，任何头脑清楚的人都不会认为征服者威廉宣称的君主制是光彩的。一个法国混蛋率领一帮武装的土匪在英国登陆，而且违背当地居民的意愿自立为王。说得更明白一些，简直就是一个卑鄙无耻的混蛋，这样的行为与神性毫无关联。然而，我们无需花费大量时间来揭露世袭权的愚蠢，如果有任何弱智之人选择去相信世袭权，那么让他们盲目地崇拜驴子和狮子吧，欢迎他们这么做。我不应该模仿他们的谦逊，也不会妨碍他们的忠实。

然而，我很想问问，在他们看来国王最初是怎么产生的。此问题允许有三种答案，即，要么通过抽签，要么通过选举，要么通过篡权。如果第一位国王是通过抽签产生，它为下一任国王的产生开了先例，这个办法也就排除了世袭制。扫罗是通过抽签当上以色列国王，因此他的继任也就不是靠世袭制产生的，而且从这件事情看来，谁都没有这么做的意图。如果任一国家的首位国王是通过选举出现的，同样会为其继任开选举之先河。也就是说，早期选民不仅是选举国王，也是选择国王整个家族来永远统治他们。这样做的结果是选民后代子孙的选举权被剥夺了，此种说法无论是在《圣经》还是其他文献里均无法找到，除非是在原罪的教义中。原罪教义认为所有人的自由意志都因亚当偷食禁果而迷失，通过这个比较，我们可以发现世袭制为自己赢不了任何荣誉。由于亚当偷食禁果，所有人类都被认为是有罪的，由于早期选民的选举行为，所有人不得不服从。有一种情况是，所有人服从于撒旦，另外一种情况则是，所有人都服从于君主。前者使我们丧失了纯真，后者使我们丢掉了权利，而两者都剥夺了我们昔日所享有的状态和基本人权。一个不可争辩的事实是原罪和世袭制根本就是相似物。多么可耻的排列！多么丢脸的内在联系啊！然而最厉害的诡辩学家也无法对此给出更好的阐释。

至于篡权，没有人会勇敢到为它来申辩。而且征服者威廉是篡权者的这个事实，也无可反驳。一个赤裸裸的事实就是，英国君主制的历史经不住调查，经不住细究。

但篡权对人类的影响，不像罪恶的世袭制那般荒诞。假如它能保证让贤惠的人来继承王位，就能得到神圣权利的印记，但是当它向愚蠢、邪恶、错误的人敞开大门时，注定它的血液里流淌着压迫。认为自己生来就应该统治别人，别人必须服从他们的那些人很快就会变得傲慢无礼。由于他们是从其他人中"优选"出来的，其思想就会早早地被他们的狂妄自大毒害；他们生活的小圈子与整个世界大有不同，且只有很少的机会来了解整个世界的实质利益，当他们成功继承政权后，他们往往是整个国家最为无知，最为无能的人。

世袭制的另外一个邪恶之处在于，王位有可能会被任何年龄段的未成年人继承。这样的事情发生时，在国王幌子下施政的摄政者便有一切机会和诱因来辜负国王给予他们的信任。当国王年迈体衰，时日无多，国家也面临着一样的灾难。这两种情况下，公众成为歹徒、恶棍的猎物，这些邪恶之人要么利用国王年事已高，要么利用国王年幼无知从而为所欲为。

用来维护世袭制最合理的借口就是，它可以避免国家陷入内战。如果此话当真，那么它会是多么重要。然而，这却是强加给人类的最露骨的谎言。整个英国历史都可以拿来否认这个事实。自从诺曼底政府战役后，英国共有过三十位国王，其中有两位未成年国王统治过这个处于分散状态的王国。期间，英国有过八次以上的内战（包括革命）和十七次叛乱。因此，世袭制不但没有带来和平，反而违背和平，在摧毁着任何和平赖以生存的根基。

约克家族和兰开斯特家族对王位和继承权的争夺，使英国陷入长达数年的血腥战争。亨利和爱德华之间除了小冲突、小争斗外，共发生了十二次大规模战役。亨利曾两次沦为爱德华的阶下囚，而爱德华也曾被亨利俘虏。战争的命运、国民的性情是如此不定，一丁点个人问题都会引发一场争斗。因战争的胜利，亨利从阶下囚一跃成为一国之主，而爱德华则被驱逐出宫并且流亡国外。然而，就像性情的瞬间转变不会持续很久一样，亨利很快就被赶下王位，而爱德华则被召回王宫重新登上被剥夺的王位。而国会总是坚定地站在势力更强的一边。

这场战斗开始于亨利六世摄政之时，直到亨利七世两大家族的恩怨情仇才完全结束，其耗时共67年，从1422年一直到1489年。

简言之，君主制和世袭制（不限指某个特定王朝）让整个世界陷于血雨腥风之中。这种政府模式是为上帝所反对的，而且总伴随着血腥。

如果我们研究一下国王的事务，便会发现国王（一些国家压根儿没有国王）过着碌碌无为的生活，既给自己带不来快乐，也给国家带不来益处，荒废掉自己的一生后，留给后辈继承者的是一条一样了无生趣的路。在君主专制政体下，所有经济、民事、军事事务都依靠国王来处理。当以色列的孩子请求设立国王的时候，他们恳求道："我们的国王可以评判统领我们，甚至为我们而战。" 但是，在有些国家，国王既不是法官，也不是将领，就像在英国一样，他很迷惑，不知道自己到底该干些什么。

任何越接近共和制度的政府，需要国王做的事情就越少。要给英国政府取一个合适的名字有点困难。威廉·梅雷迪思爵士称其为共和国，但是以其目前的状态，显然名不副实，因为受国王腐败势力的影响，所有地方无一幸免，它迅速侵吞掉下议院的权利，并且侵蚀了下议院的美德（政体中的共和部分），这样的话，英国政府的君主政体与法国或西班牙的近乎一样。人们为那些他们无法理解的名字争吵不休。最让英国人民引以为傲的是英国政体中的共和部分，而不是君主制部分，也就是，从他们自身选举出下议院的自由。不难看出，当共和体的美德消失殆尽时，奴隶制时代应运而生了。为何英国政体体弱多病？是因为君主制已经毒害了共和体，国王已经蛊惑了下议院么？

在英国，国王除了制造战争，卖官鬻爵之外，几乎别无他事。简而言之，国王只会让国家陷于贫穷与纠纷中。毕竟，每年领取八十万英镑，并且受人崇拜确是一份好差事。一个诚实的人对于社会比这些人更加有用，而且在上帝眼中，诚实的人比所有加冕过的恶棍贡献都大。

>>> 对美国目前形势的看法

下文中，我仅会提供一些简单的实例，朴素的辩论以及常识。对于读者个人我别无他求，只希望他能够摒弃偏见和成见，依靠理智及情感来为自己作出决定；希望他能够坚持，而不背弃做人的真正品格，并且能够有开阔的视野。

关于英国和美国之间的纷争话题，人们已有很多论述。出于不同动机，为了各样目的，各阶层的人都投入到这场纷争之中。然而，所有的这些论述都已徒劳无益并且辩论的阶段已经结束。武器，作为最后的资源，将决定这场战斗的胜负。国王作出了这样的选择，而且大陆也接受了这一挑战。

据报道，已故的佩勒姆先生（尽管他是位出色的首相，然而他也不是不犯错）曾在下议院遭到攻击，当他采取的措施被质疑是缓兵之计时，佩勒姆先生答复道："我的任期内，实现它们难度不会太大。" 如果在当今的争斗中，殖民地也有着如此致命怯懦的想法，那我们祖先的名字会被后代子孙唾弃谩骂。

这也算是世上最有意义的事情了。这件事情不仅关乎一座城池、一个国家、一个省份，或一个王国，更关系到一个大陆——一个占地球可居住面积至少八分之一的地方。这不是某天、某年或者某个时代要担心要忧虑的事情；事实上我们的后代子孙也卷入了这场纷争，并将或多或少地受到影响，而这种影响将一直持续到最后。现在是播种大陆联盟、信心以及荣誉的好时机。眼前最小的裂痕就像用针尖儿在幼龄橡树嫩皮上雕刻的名字一样，它会随着橡树一块儿长大，最终我们的后代子孙可以清楚地读出这个名字。

当我们停止对这件事情的争论，转而拿起武器时，一个新的政治时代来临了，一种新的思考方式出现了。4月19日之前，也就是对抗开始的时候，所有计划、提议都成了历史。即使它们当时合适，现在也毫无用处，被搁置一边。无论辩论双方曾对一个问题有过多么激烈的辩论，他们最终在一件事情上达成一致，那就是，与大不列颠结盟。双方唯一的分歧在于实现这个目的的方法，一方支持武力解决，另一方力荐友谊之路。但是当前一种手段失败后，支持第二种手段的那一方也打了退堂鼓。

和解的好处我们已经说了太多，它就像是一个逝去的美梦，早已把我们撇在身后，但是我们应该细究辩论的相反面，并且研究通过与大不列颠联合，依靠大不列颠的这些殖民地会经受，并且将要一直经受许多物质伤害。本着自然和尝试的原则，我们仔细审视这种联系和依赖，从而来了解如果与大不列颠分离，我们需要依靠什么，如果依赖大不列颠，我们又要期待什么。

有人曾断言，美国的繁荣得益于以前她与大不列颠的关系，这种关系对她将来的幸福来说，也非常必要，并且会持续发挥着一样的作用。没有比这还要荒谬的论点了。如果这么来说，我们也可以断言，既然一个小孩是靠喝牛奶长大的，那么他永远都不需要吃肉；或者说我们生命里的头二十年是什么样，接下来的二十年也会如此。即便这种说法有些夸大其实，我要毫不避讳地说，如果与欧洲势力没有任何瓜葛，美国将会同样地繁荣昌盛，甚至可能更加繁荣。美国用来使自己富裕的商业是生活必需的东西，只要欧洲人保留吃饭的传统，她在欧洲就永远都有市场。

又有些人说，大不列颠保护过我们。她曾经让我们着迷，花我们和她自己的钱来保卫这块大陆，还有也会出于同样的目的保护土耳其，即为了贸易和统治，这一切都是事实。

唉！我们因陈旧的偏见误入歧途已经很久了，也因迷信作出了巨大的牺牲。我们曾经因大不列颠给予的保护而自吹自擂，但却从未考虑过，她这么做是出于她自身利益的需要的动机，而并非对我们的喜爱。她并没有从我们的利益出发保护我们不受敌人伤害，相反是出于自身利益考虑去防御自己的敌人，防御那些不会与我们因任何事发生任何争执，却因为我们和大不列颠的关系而将永远与我们为敌的人。要么让英国对这个大陆耀武扬威，要么让这个大陆摆脱对英国的依赖，而且当法国和西班牙与英国交战时，我们可以与他们保持和平。汉诺威王朝上次战争带来的苦难，时刻提醒我们不应该和英国保持联系。

近来议会中有人声称，各殖民地之间除了共有一个宗主国之外，别无其他任何联系，也就是说，宾夕法尼亚州，泽西岛以及其他地方均因为和英国的关系成为了姐妹殖民地。这是一种用来证明关系的迂回说法，然而它也是用来证明敌对关系最为便捷，且唯一正确的方式。如果我们不是大不列颠的臣民，法国和西班牙以前没有与我们为敌，或许以后也永远不会是美国的敌人。

但另一些人说，英国是宗主国。按照这种说法，她的行为就更加可耻。虎毒尚且不食子，即使野蛮人也不会向自己的家人开战，因此，假使此说法成立，那么反而是在责备英国自身。然而，这种说法事实上并不成立，或者只能说是部分成立，国王和他的寄生虫们阴险地使用母国或宗主国这样的称谓，利用人类轻信的弱点来不正当地向他们施加天主教的影响。不只是英国，整个欧洲都是美国的母国。这个新世界成了欧洲各地热爱宗教自由、热爱人权却遭迫害的人民的避难所。他们不远万里逃亡至此，不是从母亲温柔的怀抱里逃离，却是从恶魔的爪牙下逃脱。有一种到目前为止还算属实的对英国的说法，那就是，当初的暴政迫使首批移民背井离乡，如今同样的暴政依然在迫害这些移民的后代子孙。

在地球这个广阔的区域，我们忘记了三百六十英里（英国的面积）这样一个狭小的区域，而且我们把友谊推向了更高的层次；我们宣称，每个欧洲的基督教徒皆为兄弟，并且为在情感认知上的慷慨大方欢欣不已。

我们欣喜地注意到，随着对世界认知的拓展，人们慢慢地克服了地方偏见。出生在英国教区任何地方的人，很自然地会与其他教友联系（因为很多情况下他们的兴趣相投），而且称其为邻居。如果他在离家几英里外遇见一个人，他会摒弃同属一条街道的狭隘想法，敬称其为同乡；如果他去自己的郡外旅行，且在他郡遇到这么一个人，他会摒弃按街道、城镇划分的狭隘想法，称其为同胞，也就是来自同一个郡县的人；但如果是去国外旅行，他们应该与法国或者欧洲其他地方的人交往，他们的地区观念可能会扩大传染给英国人。由此类推，所有在美国，或在地球任何地方相聚的欧洲人都是同乡。在与整体比较时，英国、荷兰、德国或者瑞士在更高层次上处于同样的位置，而街道、城镇、郡县则在较低层次的区分上情况一样，这样的区分对大陆人来说太局限了。本省居民中，英国人的后裔占不到三分之一。因此，我谴责把宗主国或母国这样的表达只应用在英国身上的说法，这非常错误、自私、狭隘并且吝啬。

但如果承认我们都是英国后裔，会发生什么事情吗？什么事都不会发生。既然英格兰现在是我们公开的敌人，那么它就没有其他名称和头衔：

有人说和解是我们的职责，此说法简直滑稽。英国的首任国王（征服者威廉）是位法国人，而且英国有近一半的贵族都是法国人的后裔。因此，由同样的方法推理得出，英国应该受法国统治。

对英国和其殖民地的联合力量我们已经说了很多，其中有个说法是，他们若是联合起来便能够挑战整个世界。当然这只是一种假设，战争的命运不可确定，那些说法本身也毫无意义，因为这块大陆永远不会委屈自己来召集居民支援在亚洲、非洲或欧洲的英国部队。

此外，对抗全世界跟我们又有何干？我们的计划是贸易，如果管理得当，贸易将会让我们拥有整个欧洲的和平与友谊，毕竟整个欧洲的兴趣都在于将美国打造成一个自由港湾。和她之间的贸易往来会是一种保障，而金银矿藏的缺乏也将使她免受侵略者的骚扰。

我要求最拥护和解的人来出示大陆与大不列颠保持联系可以获得的好处，哪怕一条也行。我之所以重复这项要求，是因为我们得不到任何好处。我们的玉米在欧洲任何市场上都会得到它合理的价位，而且无论我们进口的货物出自哪里，我们一定会花钱购买。

由于和英国的联合，我们承受着不计其数的伤害和损失，对整个人类以及对我们自己的责任要求我们终止这种结盟。因为，任何对大不列颠的服从或依赖都会使这块大陆直接卷入到欧洲的战争和事端中去，也让我们与那些寻求友谊的国家产生矛盾。而事实上，对这些国家我们既没有怒火，也没有抱怨。由于欧洲是我们的贸易市场，我们不应该与其任何部分只建立部分联系。美国的真正利益在于避开欧洲的争端，但如果她继续依赖英国，那么她永远也不能实现避开欧洲事端的愿望，而只能在英国的政治里扮演一个补缺的角色。

由于欧洲王国众多，所以难有长久的和平，每当英国和其他国家发生战争，基于美国和英国之间的关系，美国的贸易必定走向灭亡。下一次的战争可能不会像上次一样，而且也不应该跟上次一样，那些拥护和解的人士现在希望美国与英国分开，因为在那种情形下，中立远比战争来得可靠。一切正确或自然的元素都祈求与英国分离。杀戮者刀下的亡魂，大自然哭泣的声音无不在呐喊："该脱离英国了。"主刻意把英国和美国在地理位置上分开，这是多么有力的自然证据，这就表明让一方统治另一方从来都不是主的本意。同样，这块新大陆发现的时间强有力地论证了这一点，人们居住的方式也起到了一定作用。宗教改革发生在发现美洲新大陆之前，就好像上帝仁慈地想要为将来受迫害的人们提供避难所，因为到那时他们的家园早已不再能给予他们友谊和安全。

大不列颠以政府形式对这块大陆的统治迟早会走到尽头。任何严肃认真的人要是向前看，都不会感受到真正的快乐，因为令人痛苦却真切存在的一个事实是，他所谓的"现有政体"只不过是暂时的。作为父母，我们没法儿开心，因为心里知道当今政府不能长久存在来保障我们能够遗赠给后代的那点东西。这里有一个简单的论证方法，当我们让下一代人背负债务时，应该考虑做点什么事情，否则的话，对待他们的方式就太卑鄙可耻了。为了正确了解我们的责任所在，我们应该照顾好孩子，应该多尽几年责任。这样的思想高度会让我们看到被眼下恐惧和偏见掩盖的，一个我们不曾看见的前景。

尽管我小心翼翼地避免造成任何不必要的冒犯，但是我倾向于相信，所有支持和解理论的人可以被划分为下列几类：利益相关之人，这些人不能被信任；看不清事物本质的软弱之人；不愿看到事物本质的偏见之人；把欧洲想得过于美好的中庸之人。最后一类人由于受到错误判断的影响，比起其他三类人，他们带给这块大陆的灾难要多很多。

很多人有幸生活在远离苦难的地方，那些罪恶没有发生在他们家门口，所以他们感受不到美国繁荣背后隐藏的不稳定。但是，让想象暂时把我们带到波士顿吧，这个苦难的所在地将教给我们智慧，指导我们永远放弃那个我们无法信任的政权。这座不幸城市里的居民几个月前还过着安逸富裕的生活，而如今却只能留在这里挨饿，或外出乞讨，除此，别无他法。如果他们继续留在这座城市里，会面临来自朋友的战火；如果他们离开这座城市，又可能遭到士兵的抢劫。按目前的状态，他们就是没有任何救赎希望的囚徒，而且当有人发起进攻营救他们时，他们会遭受两支军队的狂轰滥炸。

被动性格的人对英国人的冒犯不以为然，期待着最好的结局，而且他们呼吁："来吧，尽管如此我们还是应该成为好朋友。"但是，我们来审视一下人类的情感。用天性这块试金石来检验和解理论，然后告诉我，当一个政权将战火引燃到你的土地上，你是否还能热爱她、尊敬她以及忠实地为她服务？如果你没法儿这么做，那么你就是在欺骗自己，而且你的耽搁会给后代带来毁灭。英国，这个你既不喜欢又不尊敬的国家，未来你们之间的关系会变得牵强并且不自然，也只能在一时便利的计划之上来维持，很快，这种关系就会故态复萌，只会比上次来得更加惨烈。但是，如果你说忽略这些破坏，那么我倒是想问问，你的房子是否被放火烧毁？你的财产是否被当着你的面毁坏？你的妻儿有没有用来休息的床铺？有没有赖以生存的食物？你的父母或者孩子是否惨遭他们的毒手？你是否是那被摧毁的可怜幸存者？ 如果这一切你都不曾经历过，那么你就没有资格评判有过这些经历的人们。但如果你也都经历过，而且还能够和那些杀人犯握手言和的话，你不配拥有丈夫、父亲，或者爱人这些称谓，也不配拥有你在生活中所扮演的任何其他角色。你有着一颗懦夫的心，一个谄媚者的灵魂。

对于一些事情，我们没有煽风点火，夸大其词，相反只是在考验自然赋予它们的情感，如果没有这些情感，我们就不能很好地履行社会责任，享受社会责任带来的幸福滋味。我们并不想以激起复仇为目的来展览那些令人恐怖的事情，而只是为了把我们从致命、怯懦的休眠状态中唤醒，这样的话，我们或许能坚定地追求那些已锁定的目标。只要美洲不会被犹豫不决和懦弱胆怯这样的缺点打败，英国即或欧洲就征服不了美洲。如果此战略使用得当，眼下的这个冬季价值如同一个时代，但如果丢失或忽略掉这个冬天的重要性，那么整个大陆都将承受巨大的不幸。如果因为这样一个人而错过了这么一个珍贵且难得的机会，无论他是谁，是做什么的，或者他来自哪里，都将成为一个不可原谅的历史罪人。

认为这块大陆可以长久受制于任何外力的假设是违背理性的，违背事物的普遍原则，也违背各种先例。即使是英国最乐观的人也不会这么想。此刻除了独立之外，就算人类将智慧发挥到极致也不能保证这块大陆会拥有哪怕只一年的安全。和解就是人们做的一场黄粱美梦。自然也已经放弃了这种联系，而且任何别的东西也都无法弥补。就正如弥尔顿所说："憎恨造成的创伤扎根太深，难以再有真正的和解了。"

所有希望平静地寻求和平的方法都被证明是没有效果的。我们的祈祷被拒绝了，而且遭到蔑视，这一切只会让我们确信，没有什么比重复的请愿更能取悦虚荣，或更能证实国王的顽固不化——也没有别的东西比这更能助长欧洲国王的专制。丹麦和瑞典就是例子。因此，既然只有斗争才能让我们得到我们想要的，看在上帝的份上，让我们来争取最后的独立吧，别让我们的后辈子孙背负着已被侵犯且毫无意义的父子之名去继续厮杀。

认为他们再也不会尝试这么做的想法是荒谬不切实际的，当年废除印花税时我们也有过这样的想法，但是只不过一两年，我们就意识到自己被骗了。按照这种推理，我们也可以假设，一旦某个国家被打败，她永远不会再挑起争端。

至于政府事务，英国政府没有能力给这个大陆带来公平。民众很快就会发现这些事务变得非常繁重、复杂，被一个对我们了解不深的政府远距离管理，这是非常不现实的。因为如果他们不能征服我们，那么他们就不能统治我们。要是每一件事或者每一个请愿都得跑上三千或四千英里，再等四个月或五个月才能得到答复，有回复后可能还得有五个月或六个月时间来解释，这些行为几年后看来都会被认为愚蠢而且幼稚——可能曾经某个时间这样的安排是合理的，但它总有结束的那一刻。

那些没有能力保护自己的小岛是需要国王统治的合适对象，然而设想一块大陆需要被一座岛屿永久统治则是非常滑稽可笑的。就拿自然界来说，还没有任何一颗卫星可以大过它的主要行星，而涉及到英国和美国，他们之间的关系颠覆了自然界的正常秩序，很明显他们隶属于不同的体系：英国属于欧洲——而美国只属于她自己。

我并非出于骄傲、党派，或怨恨的动机来拥护独立主张；我清楚、明确，且非常认真地认为，是出于这块大陆的真实利益，我们需要这么做；除此之外，其他所有的方案只不过是修补工作，带不来永久的幸福——也就是说我们留给孩子一把尖刀，我们却在多付出一点努力，一丁点努力就能给这块大陆带来荣耀的关键时刻退缩了。

鉴于英国还没有表示出任何想要妥协的意愿，我们或许可以确定没有值得这块大陆接受的条件，或者没有任何方式可以弥补我们曾挥洒的热血以及付出的财力。

　　人们努力争取的结果总应该和他们的辛苦付出成正比。撤除诺斯，或者撤掉整个可憎的私党都抵不上我们巨大的付出。贸易暂时中止带来的不便足以抵消对背负骂名的所有议案的废除，如果这些议案成功废除的话。但如果整块大陆必须拿起武器，如果每个人必须充当战士，只是与可鄙的政府对抗就太不值得了。如果这是我们奋斗的全部，那我们为了废除法案付出的就太多太多了。一个公正的评估是，如果为了法律像为了土地付出邦克山那样的代价，这简直太愚蠢了。我一直认为美洲独立这件事迟早都会发生，从最近大陆的快速成熟来看，独立离我们不会太远了。因此，在对抗爆发时，除非我们执意为一件事情争得面红耳赤，否则这种争论就太没必要了，因为时间迟早会纠正它。这就像在一件法律诉讼中浪费一处地产来管理承租人非法侵入的行为，而此人的租约马上就要到期。在1775年4月19日（列克星敦大屠杀）这个重要日子之前，没有人比我更希望和解，但那天当我知道所发生事件的那一瞬间，对这个麻木不仁、脾气糟糕的"英国暴君"，我永远放弃了。我鄙视那个卑鄙的人，那个假装自己是人民的父亲，却在听到他们一手制造的大屠杀时无动于衷，而且明知道他的灵魂沾满了鲜血却依然能平静入睡。

　　但是如果承认这些事情已经和解，会发生什么呢？我的答案是，这个大陆遭到毁灭。原因有以下几条：

　　首先，统治权依然掌握在国王手中，他对美洲大陆的所有立法都持有否定权。他被那些追求自由的人们视为宿敌，而当人们发现国王渴望得到一切专断权利时，难道他不会对这些殖民地宣称："你们无权制订法律，除了制订那些我允许的"？根据所谓的现有宪法，难道美洲大陆会有居民愚蠢到不明白除了国王允许的法律外，整个大陆都不能制订任何法律？根据以往所发生的事情，难道会有人无知到不清楚国王只会允许制订那些利于他的法律，除此之外，国王绝不容忍我们制订其他任何法律？由于美洲法律的缺失，也由于需要遵循那些英国为我们制订好的法律，我们一直被有效地奴役着。在达成和解（人们这样称呼它）后，难道没有人觉得英国国王会动用一切力量来迫使美洲大陆一直做卑微恭顺状吗？如果不向前进，那么我们就会向后退，或者陷入那无休止的争论以及荒谬的请愿中。我们如今的强大已超过国王的原始希冀，难道将来他不会尝试一切努力来削弱我们吗？先谈论一点，一个嫉妒我们繁荣的政权，大家觉得让它统治我们，合适吗？任何给出否定回答的人都是独立之士，因为独立无非就是我们是否可以制订自己的法律，或者国王，这个美洲大陆最大的敌人，是否会告诉我们："你们必须按照我的意愿来制订法律"。

然而你会说国王在英国也同样享有否定权，英国的人民只有在征得国王同意的情况下才能制订法律。从良好的秩序这方面来看，这里面有些东西十分荒唐，一个仅21岁的年轻人居然可以对着数百万比他年长，比他智慧的人们公然表明："我禁止你们提出的这项或那项议案成为法律。"（这样的事情经常发生）但在这里，我拒绝接受这样的回复，尽管我永远不会停止揭露此种制度荒谬性的步伐，但我只能这样回答，英国是国王的居住地，美洲却不是，因此两者的情况则大不相同。在美洲国王否定权的危险性及危害性比起英国要高出十倍之多，因为，在英国，国王几乎不会否决任何旨在增强英国国家防御的议案，然而在美国，情况则完全相反，国王不会允许通过这样的法案。

美洲只是英国政治体系中的一个从属元素——英国只有在为了实现自己的目的时，才会考虑到美洲的利益。因此，如果我们的成长起不到促进她的优势的作用，或与她没什么牵扯的话，受自身利益的驱动，英国会尽可能地来压制我们的成长。鉴于之前发生的事情，很快我们就会受制于二手政府！人们不会只因名字的改变就能把敌人变成朋友。为了表明现在达成和解是一个危险的主张，我断言，目前国王的策略就是撤销那些法案，从而恢复自己对其他领地的统治。国王可能在今后很长一段时间内通过偷奸耍滑实现他不能够在短期内通过武力和暴力实现的东西。和解与毁灭几乎密不可分。

其次，我们希望拥有的最好结果也不过只是权宜之计，当殖民地成长到一定阶段，处于监护之下的政府也就无法继续存在，因此，在此过渡期间，整体局面和事情的状态未定并且前景非常不明朗。有财产的移民是不会选择来到一个政府形式岌岌可危的国度，而且每天都在动荡中摇摇欲坠，在混乱中如履薄冰。而现有的居民也可能抓住这一间隙，处理他们的财产，远离这块大陆。

　　但所有论点中最有力的不是别的，正是独立，也就是一种大陆形式的政府，这种政府可以保障大陆的和平，并且确保她远离内战。我现在有点畏惧与英国达成和解这件事，因为很有可能，和解之后某些地方会发生叛乱，而这种局面一旦发生，将比英国所有的恶毒还要来得致命。

　　数千人命丧于英国的残暴（可能还将有数千人面临同样的命运）；相对于我们这些没有这种遭遇的人，那些人的感情要复杂得多。他们现在只拥有自由，他们之前所享有的一切全都献身给了自由，而且他们再没有什么可以失去，因此他们鄙视向英国屈服的行为。另外，殖民地对待英国政府的整体态度就像是一个即将结束青春期的年轻人，他们对她关心甚少。一个不能维护和平的政府，根本不能称作政府，在那种情况下，我们的钱无异于打了水漂。祈祷英国能够做些什么呢？如果达成和解的第二天就爆发内战，那么英国政府的权利只不过是一纸空文。我听到有人说，当然我相信很多人说话之前都没有思考，他们惧怕独立，因为独立会引发内战。人们最初的想法很少能百分百正确，此时此刻情况亦是如此。相对于独立，与英国保持这种脆弱的联系要危险十倍之多。假使我也是一名受害者，我绝不会同意和解，如果被逐出家园，财产被破坏，生存环境被毁灭，作为一个人，能够感知伤害的人，我永远都不能够赞同和解的主张，或永远都不会认为自己受到约束。

　　殖民地已经给大陆政府显示了她良好的秩序以及服

从精神，这足以让每一个通情达理的人感到开心愉悦。除非是出于幼稚可笑的原因，否则没有人可以为自己的恐惧找借口。同理，没有殖民地会争取优势来统治别人。

无所谓差别，也就不存在谁比谁更为优越的问题，而且绝对的平等不会带来任何诱惑。欧洲的共和国都可以（我们可以说一直是）和平相处。荷兰和瑞士跟战争绝缘，无论是外忧或者内患。对君主制政府而言，实际情况就是，它永远都不会拥有长久的和平：王权对于国内野心勃勃的歹徒来说就是一个巨大的诱惑，而王室本身傲慢的不断膨胀会导致其与外部势力的最终决裂。但同样情况下，顺应更多自然原则建立的共和政府则会采取协商的方式解决遇到的问题。

涉及到独立，如果有任何真正的担心，那就是相应的计划还尚未制定，人们看不见自己的出路。因此，在这项事业的开始，我愿提供以下建议，同时我还想很谦虚地说明，我自己没有其他任何意见，只不过想在此抛砖引玉。如果能把个人零散的想法都汇集起来，那么它们通常可以被那些聪明能干的人当做素材来做更有意义的事情。

让我们做到每年都举行一次议会，只选举一个主席。代表权也需要更加公正。只为讨论国家内部事务，并且这样的议会必须服从于大陆议会的权威。

让我们把所有殖民地都划分为六、八或十个便利的区域，每个区域派送一定数量的代表参加大陆议会，这样的话，每个殖民地至少派送30名代表。大陆议会的整个代表人数将至少是390名。每次议会的召开以及主席的选择都按照以下方法执行：代表们到场后，通过抽签的方式从13个殖民地中选出一个殖民地，然后，整个大陆议会通过投票从已选举出的殖民地代表中选出主席。在下一届大陆议会中，只从12个殖民地中以抽签的方式选出一个殖民地，上一届议会中选举出主席的殖民地将不参与此次抽签，这样的话，所有13个殖民地都能有自己的机会。为了确保凡是成为法律的事项都绝对令人满意，都绝对公平，我们要做到不少于大陆会议3/5的代表才能被认为是多数。在一个构成如此公平的政府管理下，任何不和谐的行为都无异于与撒旦为伍。

但这里有一件棘手的事情，就是不管是谁，不管以什么方式，必须有人发起这项事业，而且似乎看起来，这件事情由介于统治者与被统治者之间，或者说是介于议会与人民之间某个中介机构来发起无疑是众望所归的。那么就按照下列方式，为了下列目的召开大陆议会吧：

大陆议会的委员会由26名议会成员组成，也就是，每个殖民地推举两名议员。每个代表大会，或州民议会选出两名委员；会有5名代表从各州首府或者市镇产生，他们将代表整个州，而这5人是由全州各地尽可能多有资格的选民选举得出；或者，如果想要更为便利，也可只从两三个人口最为密集的区域中选出代表。以这样的方式召集议会，它将会结合下面两大原则，即知识和权力。大陆议会、州议会众议院或（政党决定总统候选人的）全国代表大会成员，运用其在处理国家事务时积攒的经验，将成为能干且举足轻重的顾问，而整个会议则因经全体人民授权拥有真正的法定权威。

肩负人民赋予的使命，议员们聚集在一起制订《大陆宪章》，或《联合殖民地宪章》（这对应于所谓的英国《大宪章》）；明确大陆议会、州议会众议院成员的数量以及选举方式，会议召开日期，还有草拟他们之间的业务和管辖权（要牢牢记住，我们的力量是来自于整个大陆，而不仅仅源于洲际）；要确保全体人民的自由和财产得到保障，特别是，宗教信仰自由须建立在人民按自己心愿信奉宗教的基础上，以及其他一些需要在《宪章》内包含的事项。在这之后，上述会议便需要解散，同时根据上述《宪章》暂为大陆选举出合适的立法人员和地方长官。愿上帝保佑他们平安、幸福，阿门。

如果将来有任何人经授权来接管此项事业或其他用作同样目的的事业，德拉戈内蒂，这位对政府有着敏锐洞察力的先哲曾这样说过："作为政治家，他们旨在为人民谋得真正的幸福和自由。那些探索出全新的政府模式，能做到既不劳民伤财，又最大限度地确保人民幸福的政治家们，理应得到一代又一代人的感激。"（德拉戈内蒂《论美德与回报》）

然而会有人问，美洲的国王在哪里？朋友，我要告诉你的是，他在天上统治着，但绝不会像英国国王那样涂炭生灵。趁我们还没有显得非常缺少世俗的荣耀，让我们为宪章的正式宣布选出一个庄重的日子，让我们把从上帝那里得来的旨意融入这神圣的法律之中，让我们把皇冠也赋予法律。这样一来，整个世界就会知道，当我们赞同君主制时，在美国法律就是国王。在所有的专制政府中，国王就是法律，因此在所有的自由国度，成为国王的则应该是法律，不能是任何别的事物。然而为避免日后滥用法律的行为出现，《宪章》宣布仪式一结束皇冠就应该即刻被毁掉，将其分散到拥有相应权利的人民大众手中。

拥有自己的政府是自然赋予我们的权利。当一个人认真思考人类事务所面临的危机时，他深信，有能力时，相对于等待时机组建自己的政权，以镇定自若、从容不迫的方式处理这件事情要更为重要和安全。如果我们现在不这么做，将来就会有一些马赛涅罗*那样的人揭竿而起，利用大众的焦躁不安，将这些亡命之徒以及心怀不满的人聚集一堂，想要自立门户，紧接着他们就会像大洪水一样把属于这块大陆的自由一扫而空。如果将美国政府再次交还到英国人的手中，摇摇欲坠的形势对某些想要一试运气的绝望冒险家无疑是一种诱惑。在这种情况下，英国能给予我们什么样的宽慰？在她听到消息之前，那件灾难性的事情可能已经结束了，而我们自己如同可怜的布立吞人一样正在征服者的压迫之下痛苦喘息。现在反对独立的那些人，你们根本不知道自己在

---

*托马斯·阿涅罗，又名马赛涅罗，那不勒斯的一名渔夫，在公共市场上鼓励他的同胞反抗西班牙人的压迫，这之后他又进一步推动他们起义，而他本人也当上了国王。

做什么；你们让政府的位子空着，这就是给永久的专制打开了一扇门。

成千上万的人意识到把野蛮、地狱一样的势力驱逐出这块大陆是一件多么光荣的事情，因为这股邪恶势力已经煽动印第安人和黑人开始摧毁我们；为这样残酷行为买单的不只有背信弃义的他们，也有冷酷无情的我们。

与理性禁止我们信任，情感（已经千疮百孔）教导我们憎恨的那些人谈论友谊，这简直是愚蠢。我们和他们之间仅存的那点同源关系也在消磨殆尽，当这点同源关系走到尽头时，有没有任何理由可以让我们对我们之间的感情增进抱有一丝希望？或者当我们有重要十倍的问题需要争论时，我们会不会更容易达成一致？

那些向我们介绍和谐以及和解的人们，你能否补偿那已经逝去的时光？你能否把昔日的纯真还给娼妓？如果这些你都不能实现，那么你也无法让美国和英国达成和解。最后的一根纽带也已断裂，英国人民正在发表演讲反对我们。有些伤害，天理难容；如果她真的能够容忍，那么她已不再是天理。如果有人可以原谅强暴自己情人的人，那美洲大陆就能原谅英国的杀人犯。上帝给我们植入这些不可磨灭的情感，是抱有良好且智慧的意图的。在我们的心目中，它们就是上帝的保护神。它们让我们与动物有别。如果我们对于情感的触碰冷若冰霜，那么社会契约将解散，正义将从地球上消失，或者只是形同虚设。假如受到的伤害不能激怒我们起来要求伸张正义，那么强盗和杀人凶手将常常逃脱惩罚。

噢，那些热爱人类的人们，那些不仅敢于反抗专制，而且敢于反抗暴君的人们，请站上前来！旧世界的每个角落都是压迫当道。全世界自由都在被追捕。亚洲、非洲很久之前就已经驱逐了自由。欧洲视其为陌生人，英国警告她赶紧离开。噢，接纳这名逃犯并及时为人类准备庇护所吧！

>>> 谈美洲目前的能力，以及一些其他想法

无论是在英国或美洲，我遇见的每一个人都向我表述过这样的观点，那就是英国和美洲的分离势在必行。然而当我们试图描述大陆独立的成熟时机时，表现出来的判断并不十分明智。

既然大家都同意采用这个方案，而且唯一的分歧就只在时间方面，那么为了纠正错误，如果可以的话，我们应该找个合适的时间全面调查一下这些事情。然而，不需要弄得过于复杂，调查会马上结束，因为时间已经所剩无几。大家的齐心协力以及万物的光荣联盟都可以证明这一事实。

伟大的力量不在数量，而在团结。我们现有的数量已经足以与全世界对抗。目前，美洲大陆拥有一支训练有素、装备精湛，世界上最庞大的部队。就美洲目前的实力而言，没有任何一个单个的殖民地可以支撑自己，并且，团结起来才能够完成这项伟大的事业，多于此，或少于此，产生的效果都可能是致命的。我们的陆军力量已经足够，就海军方面来说，必须清楚地认识到，当美洲大陆依然被英国玩弄于股掌之间时，她就不可能允

许美国人拥有自己的部队。因此，至于那方面，即使再过一百年，我们的情形恐怕也不会比现在好多少。相反，事实是，情况可能更糟糕，因为本国的木材每天都在减少，并且最后剩余的木材位置都比较偏远，而且还很难获得。

如果居民挤满了整个美洲大陆，那么目前情况下她所经历的痛苦会更加难以忍受。拥有越多的海港城镇意味着需要我们保卫和失去的就会更多。目前的数量正好满足我们的需求，这种情况下，没有人会被闲置。贸易的缩减会促进一个军队的出现，而军队的需要又会带来新的贸易。

我们没有债务，而且无论在这方面产生什么债务，这一切都将成为我们美德的光辉留念。如果能够给后代留下一个有着稳定形式的政府，一个属于他们自己的独立政体，那么为此付出的任何代价都是微不足道的。但如果花费数百万只是为了废止一些法案，为了摧毁现有的政府部门，那未免太不值得，而且这样对我们的后代太过于残忍了。因为一旦这样，有很多事情需要他们处理，而且他们会因为我们的行为负债累累，这一切都不会给他们带来任何好处。正人君子是不会产生这样的想法的，只有那些心胸狭窄之人，那些整日叫嚣的政治家们才会有此想法。

如果这项事业得以完成，那么我们所欠的债务就不值一提。大概没有任何一个国家不背负债务。一个国家的债券就是这个国家的债务。而且当债务不会产生任何利息时，这绝不是一件痛苦不堪的事情。英国承受着高达140,000,000英镑的债务，她也因此支付着高达4,000,000的利息。因为巨额贷款的支持，她因此拥有一支庞大的海军部队。美洲没有债务，也没有海军，然而，若我们的债务能够达到英国国债的二十分之一，那么美洲将拥有一支与英国海军一样强大的军队。目前英国海军的价值不会超过3,500,000英镑。

本书一版和二版时不曾包含下列计算，而这一版本包含在内的这些计算将作为证据来证明上述对海军的预估是公平公正的。（参见恩迪克的《海军史》绪章，56页）。

依据海军部长伯切特先生的计算，打造各个等级舰船的费用，以及建造船只必不可少的桅杆、桁、船帆及索具的费用，还有水手和木匠八个月来的辛苦钱，各项费用如下所示：

一艘装有100只枪炮的舰船	英镑35,553
90	29,886
80	23,638
70	17,785
60	14,197
50	10,606
40	7,558
30	5,846
20	3,710

由此，我们很容易就能算出整个英国海军的价值或成本，因为在1757年它的全盛时期，其拥有下列数量的

舰船及枪炮：

舰船数量	枪炮数量	每艘成本	全部成本
6	100	£35,553	£213,318
12	90	29,886	358,632
12	80	23,638	283,656
43	70	17,785	746,755
35	60	14,197	496,895
40	50	10,606	424,240
45	40	7,558	340,110
58	20	3,710	215,180
85	单桅纵帆船，轰炸船，以及纵火船，等等	2,000	170,000
成本			3,266,786
可供添置枪炮的余额			233,214
共计			3,500,000

  世界上没有哪个国家像美洲大陆这样拥有如此优越的地理位置，也能够因此在内部养护军舰。柏油、木材、铁和绳索都是她的天然产物。我们不需要从国外进口任何东西。然而荷兰人，通过向西班牙人以及葡萄牙人出租舰船获取暴利的荷兰人不得不进口他们所使用的绝大多数原料。我们应该把军舰制作看作是商品，因为美国就是军舰的天然制造厂。这将是我们最成功的一笔投资。海军建成后，它的价值将远远大于成本。而这正是国家政策微妙的地方，将商业和国防巧妙地结合在一起。让我们来打造一支属于自己的海军吧，如果不再需要海军，我们还能够将其卖掉，这样一来，我们就可以

用真金白银来替换掉纸币。

至于舰队的人员配备方面，人们一般都会陷入误区；其实大可不必让四分之一的人都去担任海员。那艘"恐怖号"私有武装船和"死神船长号"在上一次战争中经受住了所有船只所经历过的最激烈的一场战斗，尽管她的编制名额已高达200人，但船上的海员人数却还不到20人。一些能干、社会交际又好的海员很快就能指导一定数量活跃在陆地上的人们适应海上的工作。因此，趁我们的木材供应充足，渔业遭遇堵塞，海员和造船商处于失业状态，现在无疑是开始海上事业的绝佳时机。战争中的人们曾使用着七八十支40年前在英格兰打造的枪支，为何现在情形截然不同呢？打造船只是美国人最为骄傲的事业，而且在这方面，她迟早会领先全世界。东方的超级帝国大多地处内陆，因此排除了他们撼动美国地位的可能性。非洲仍处在野蛮状态；而欧洲，没有哪个势力拥有如此辽阔的幅员，或绵长的海岸线，或可以自给自足的内部物质供应。自然在赐予一件好东西的时候，往往都会吝惜另一件。然而对于美洲，自然却非常慷慨，毫不吝啬地让她占尽所有优势。辽阔的俄罗斯帝国几乎与出海口隔绝，因此，她广袤的林海，她的柏油、铁和绳索都只能作为商品。

出于安全方面的考虑，我们不应该拥有一支舰队吗？现在的我们不再是60年前可怜的小老百姓。那个时候，我们或许可以把财产随意放在大街上，或是田野中，而且可以做到夜不闭户，安然入睡。然而今非昔比了，我们自我保护的手段需要随着财产的增加进行提升。12个月之前，一个普通的海盗可能很轻松地就能从特拉华到达费城，来肆意掠夺当地居民的财物。其他地方可能也会遭遇同样的事情。不但如此，任何大胆的家伙，驾驶着一艘载有14或16支枪炮的双桅横帆船，也许就能够洗劫整个大陆并且卷走50万英镑。这些都是值得我们注意的情况，它们指出了拥有海军保护的必要性。

或许，会有人说，当美洲和英国讲和以后，英国会保护我们。难道我们会愚蠢到认为她可能为了保护我们而在我们的海湾驻扎海军吗？常识会告诉我们，一个试图征服我们的势力是最不适合来保护我们的。征服可能是打着友谊的幌子进行。而我们自己，在经过长期的英勇奋战后，最终沦为奴隶。而且如果我们不准许英国将他们的船只驶进我们的海港，我想问问，她到底要怎样来保护我们？一个远在三四千英里之外的船只起不了多大作用，而且如遇突发事件，则毫无用处。因此，如果我们将来必须要保护自己，为什么不自己保护自己？为什么要交给别人来做？

英国的战舰数量十分可观，但却只有十分之一的战舰能够随时待命，其中有很多都已名存实亡。然而，即使这些战舰只落得一块木板，它们的名字也依然会被记录在册。在随时待命的战舰中，不到五分之一可以同时在海湾拥有备用船只。东方、西印度群岛、地中海、非洲以及其他受英国统治的地区对海军的需求量很大。基于偏见和疏忽，对英国海军的形成，我们有着一种错误的认识，我们的言谈也使人感觉我们好像应该与整个英国海军对抗，然而出于此原因，我们必须拥有同等强大的海军。当这种想法不能够立即实现时，一些伪装的托利分子便被趁机派遣来阻挡我们这项事业的进展。没有什么事情可以比这更违背真理了，因为如果美洲拥有英国海军力量的二十分之一，那么她可以轻易打败英国。因为我们没有，也从没宣称过任何海外领土，因此整个力量都指望着我们自己的海岸线，从长远来看，相对于那些在发动攻击之前，需要从三四千英里外长途跋涉，还需要为了整修和招募新兵航行同样距离的敌人来说，我们因为在自己的海岸线作战而拥有二比一的优势。尽管英国可以利用她自己的战舰来影响我们和欧洲的贸易，我们也有同样强大的舰队来牵制她与西印度群岛的贸易往来，由于西印度群岛与美洲大陆比邻而居，因此它完全在美洲的控制之下。

如果我们觉得没有必要维持一支常备海军，我们可以寻找到某种办法从而在和平年代依然保持一支海军力量。如果能够给商人们一些额外补贴，让他们来打造并且使用50或60艘装有20、30、40或50支枪炮的船只（商人们的额外补贴与他们的散装损失成正比），再加上一些有恒定工作周期的警卫船，就足够来维持一支像样的海军了，还不用因为在和平年代要让他们的舰队腐烂在码头而忍受他人诟病。将商业力量和防御力量结合起来这是很好的政策，因为当我们掌握了力量和财富，便不再惧怕外部的敌人。

　　我们拥有的每一件防御物品，都是数量繁多的。这里大麻十分茂盛，以至于我们都不再需要绳索。这里钢铁产量也远超于其他国家。我们的轻武器可以叫板全世界。也可以随意铸造大炮。我们每天都在生产硝石和火药。我们的知识也正以小时的速度飞速增加。革命就是我们骨子里的特质，勇气也一直与我们为伴。因此，我们还缺少什么？为何我们仍犹豫不前？除了毁灭，我们别指望从英国那里得到别的什么。如果她再次被准许来统治美洲，那么这块大陆就再也不值得留恋了。猜忌四起，暴动常有发生，谁会挺身而出平息事态？谁将冒着生命的危险迫使自己的同胞不向外势力屈服？宾夕法尼亚和康涅狄格之间关于某些未划界限土地的意见不和表明英国政府微不足道，同时也完全证明只有美洲大陆的政府才能有效处理他们自己的事务。

　　为何目前这个时机最佳的另外一个原因是，我们的人数越少，空置的土地便会越多，这些土地不但可以用来清偿现有的债务，也可以用来源源不断地给予政府支持，而不是让国王用来肆意挥霍。世界上没有哪个国家拥有这样的优势。

　　到目前为止这个被大家称为殖民地新生儿的国家，还未遭到反对，这就是一个利于独立的论据。目前人数正好合适，如果数量更多一些，那么我们可能不会像现在这么团结。有件事情值得注意，那就是，一个国家的人口越多，这个国家的军队规模就越小。在军事人数上面，古代人要远远超过现代人，而且原因是显而易见的：贸易深受人口增长的影响，而人们太过于专注贸易，无暇参与其他事情。商业削弱了精神，也同样削弱了爱国主义和军事防御。历史已经向我们充分说明，一个国家最勇敢无畏的成就往往都在其未成年时期完成。随着商业的增加，英国已经失去了她的精神。伦敦这座城市，虽然人口基数还可以，但是却像懦夫一样任人宰割，不敢言语。人们会失去的东西越多，他们便越不敢去冒险。富人通常都是恐惧的奴隶，而且像一只小狗一样做瑟瑟发抖状来屈服于权贵。

对于国家和个人来说，青年时代是良好习惯的播种期。如果要用以后半个世纪的时间来在这块大陆上建立政府，即使并非不可能，这件事情也会很有难度。随着贸易以及人口的增加，各方面利益会加剧分化，这一切都可能导致混乱。殖民地之间冲突不断。他们可能对彼此间的帮助不屑一顾：傲慢愚蠢之人会因一点成绩欢欣雀跃，智者则会为之前没有能够组建联盟懊悔不已。因此，当前是成立联盟的最佳时机。幼年时期培养的亲密关系，患难中建立的友谊，是最能持久且保持不变的关系。我们目前的联盟就拥有这些特征：我们年轻，并且一同经历过不幸；我们的团结还带领我们经受住了重重苦难的磨练，而且开启了一个值得后代人为之骄傲的难忘时代。

目前阶段也是一个特殊时期，这样的时期对于任何一个国家来说，只有一次，也就是说，来组建自己的政府。绝大多数国家已经遗失良机，因此只好被迫接受征服者为他们制定的法律，而不能够自己制定法律。首先，他们拥有了一个国王，然后有了某种形式的政府。然而，应该先有政府的宪章或条款，然后再授权一些人来做执行工作：从其他国家的错误中汲取教训，锤炼智慧，抓住眼前机遇，以正确的方式开始组建政府。

当征服者威廉征服英国后，他用暴力威胁英国民众接受他制定的法律。除非我们准许在美洲组建政府，而且这个政府应该是合法、有权威的，否则我们会被某个幸运的恶棍凌逼来遵循他制定的法律，此人可能会以同样的方式对待我们，到那时，我们的自由何在？财产又何在？

至于宗教，我认为保护所有勤恳的宗教宣称人，政府责无旁贷，然而我不知道在这方面政府还可以做其他什么事情。只有各行各业的吝啬鬼才不愿舍弃狭隘的灵魂，自私的原则，一旦让一个人丢开这些东西，他便可立即摆脱这方面的恐惧。猜疑与卑鄙的灵魂为伴，而且它是所有美好社会的祸根。就我个人而言，我完全真诚地相信，人们秉持各种各样不同的宗教观点，这是主的旨意：它赋予我们更广阔的天地来宣扬基督教的仁爱精神。如果我们所有人的思维方式都相同，那么我们的宗教倾向将缺少检验。根据这一开明的原则，我认为，我们中间各种不同的信仰就如同来自同一个家庭的孩子，不同的只是所谓的教名而已。

着手这项工作的早些时候，我就《大陆宪章》的制定谈了一些自己的想法（只是提供一些建议，而不是计划），在这里，我想借此机会重申一下这个话题，据观察，我觉得《大陆宪章》应该被看作是神圣义务的一种凝聚力，全体公民都要参与进来，支持每个殖民地的权利，无论是在宗教、个人自由或是财产方面。明确的协议、分明的账目，才能保证友谊长存。

前面我也提到拥有广泛、平等代表权的必要性，没有其他政治事务可以比这更值得我们关注了。少量的选民，或者少量的代表都同样危险。但是如果代表不仅数量少，而且还分布不均匀，那么危险系数则增加了。下面我举个实例来证明以上说法：当那些支持大陆联合的人们将请愿书提交给宾夕法尼亚众议院时，只有28位议员出席，巴克斯城的8名议员全部投了反对票，而且来自切斯特城的7名议员也同样选择了投票反对，这就相当于整个省就只被这两个城镇统治了，而且这种危险将始终暴露在外。在众议院上次召开的会议上，议会以不正当的方式延长会议时间从而来获得该省代表拥有的权利，此举应该从整体上告诫人们要以何种方式委托自己手中的权利。给代表们准备的一套指令已经整理好了，但无论是从合理性还是从操作性来看，都可能使小学生蒙羞，而这些指令在获得少数会外议员的认可后，移交给众议院，而且代表整个殖民地获得通过。然而，如果整个殖民地人民获知议员们在制定一些必要的公共措施时不怀好意，那么他们会毫不迟疑地认为这些人不值得信任。

一些当务之急会让许多事情都变得便利，然而如果这些紧急事件继续存在便会演变成压迫。权宜和权利是两种截然不同的东西。当美国遇到灾难需要商议时，那一刻没有现成的办法，最佳的做法就是从众议院委派几名议员来处理这件事，而且他们运用自己的智慧使这块大陆免于沦落的悲惨命运。若没有议会，我们很有可能永远无法摆脱厄运，因此，就拥有为此机构挑选成员模式的这件事，每个对良好秩序怀有期许的人都必须认真考虑。我向那些研究人类的专家提个问题，让同一个机构拥有代表权及选举权，赋予它的权利是否过多？当我们为后代规划时，我们应该牢记美德没法遗传。

拜敌人所赐，我们总是能够收获那些至理名言，也总能够因为他们的错误而警醒。康沃尔先生（财政部诸大臣之一）对纽约议会的请愿书嗤之以鼻，因为他说，那个议院仅有26名成员，他又说道，如此稀少的人数不足以代表整体。在此我们感谢他无意识的诚实。*

总而言之，无论这件事在一些人眼里看起来有多么奇怪，或者他们有多么不愿意这样认为，这些都无关紧要了。许多强有力、引人注目的理由都表明，要处理眼下的事情，最好的办法莫过于对独立公开、明确地宣布了。这些理由如下所示：

第一，两国交战时，其他那些没有卷入战争的国家会出面来调节，为争取和平作出努力，这已成为各国的一项习俗。但当美洲把自己称为大不列颠臣民时，没有

---

*那些能够充分理解一个广泛平等的代表制度对于一个国家有多么重要的人们，应该阅读布格的政治《专题论文》。

任何势力会为她提供调解，不管这个势力表现得多么友好。因此，就目前的状态而言，我们或许会无休止地争论下去。

第二，如果我们利用法国或西班牙提供的帮助只是为修补裂隙，只是为加强英国和美国之间的联系，那么认为法国或西班牙会给我们提供某种帮助的想法就十分荒唐，因为他们有可能因此而承担不好的后果。

第三，当我们宣称自己为英国臣民时，在外国的眼中，我们一定被认为是反叛分子。因为当我们头顶臣民的名义拿起武器时，按照惯例，此种行为会被认为是对外国人的和平构成威胁。我们现在，立即就可以解决这个悖论，但需要将反抗和征服统一起来理解。这个想法对普通大众而言，理解起来有些困难。

第四，如果发表一项声明，而且将此声明派送到外国宫廷，陈述我们的悲惨境遇，以及我们为了改变现状所尝试过的那些徒劳无益的和平方法；同时宣称，由于英国宫廷的凶虐残暴我们已经无法再继续幸福或安康地生活下去了，已经逼不得已必须要和她断绝一切联系；并且向国外宫廷保证我们一贯持有的和平意向，以及想与他们开展贸易的渴望。这样的纪念方式会带给这块大陆很多好处，比开往英国满载请愿书的船只来得有用。

目前，作为英国臣民，没有国家愿意接受我们，也没有国家愿意听闻我们的消息。所有的宫廷的惯例都对我们不利，而且将来也是如此，只有我们争取独立，才能做到与其他国家并肩而立。

　　这些程序起初可能看起来很怪异，并且困难重重。但是，如同其他我们已经经历过的阶段，只需一点时间，这些程序就会变得熟悉而且赢得人们的认同。除非宣布独立，否则这块大陆就会像一个继续将不愉快的事情一日一日拖延的人一样，明明知道必须要去做这些事，却迟迟不愿付诸行动，只是期盼这些事情能够尽快完结，然而一想到这些事情必须要做，仍然会纠结不已。

>>> 附录

　　自从这本小册子的第一版发行之后，或者更准确一点，在这个小册子发行的当天，国王的讲话就在这个城市亮相了。如果说这本册子的诞生是受预言之灵指导的话，那么它的出现可谓时机正好。一方的存心作梗，说明了另一方坚持主张的必要性。人们通过报复的方法读懂了这一切。国王的演讲非但没有吓唬到人们，反而为独立基本原则的产生指明了道路。

　　遵守礼节，或是保持沉默，无论是出于何种动机，当他们对卑鄙、邪恶的行为表现出哪怕是一点点赞同，这都将会带来伤害；因此，如果人们接纳这种说法，那么国王的演讲自然而然会被理解成为议会和民众憎恶的一种恶行。然而，一个国家的内部安定很大程度上取决于对被称之为国家事务的忠贞上，面对一些事情，在守护我们的和平与安全时，无声的蔑视总是好过使用憎恶衍生的各种新办法，因为那毫无新意。而且或许归功于这种谨慎的考虑，国王的演讲在此之前并未遭到公众谴责。这个演讲，如果可以称之为一次演讲的话，简直就是对真理、共善，以及人类存在的蓄意、肆无忌惮的诽谤；以华而不实、冠冕堂皇的方式把活人当祭品来满足暴君的骄傲。而且这种普遍的人类大屠杀是国王的众多特权之一，也是国王带来的一些恶果；就像自然不了解他们，他们亦不了解自然一样。尽管国王是我们自己的发明创造，但他们不了解我们，自命为神，以为自己创造了自己。这篇演讲有一点好处，就是，它不打算欺骗，即使我们愿意被它欺骗，它也欺骗不了我们。就表面判断，演讲中充满了残酷和专制。它让我们在阅读的时候，一点都不迷失；即使在阅读的时候，字里行间都让我们相信，在森林中捕获猎物的裸体或粗野的印第安人都不及英国国王野蛮。

约翰·达尔林普尔先生，一篇满是抱怨、阴险作品的假定作者，他的书被谬称为《英国人民致美国人民》，他臆想，这里的人民都被国王的描述和气势吓到了，文章中对现有国王的真实性情作了描述（尽管他这么做很不明智）："但是。"作者说道，"如果你倾向于恭维政府，对此我们不会有任何抱怨（此处暗指撤销印花税法案的罗金罕姆侯爵）。""如果你拒绝赞美那位君主，那么这就非常地不公平，因为要做任何事情，只有他点头同意才可以。"这简直就是明目张胆的保王党主义！这就是毫不遮掩的偶像崇拜！谁要是可以淡然地听取、吸收这样的主张，只能说明他已经失去了明辨是非的能力。这样的人，丧失了作为一个人原本有的尊严，沦落到畜生不如的境地，蠕虫一样受人鄙夷地正爬行在这个世界上。

然而，现在英国国王说什么或做什么已经无关紧要了。他已经居心叵测地打破了一切道义和人类义务，将天性和良知肆意践踏在脚下。以他长久以来形成的傲慢和残酷行为，这为他自己招致了普遍的仇恨。现在到美洲自力更生的时候了。她拥有一个庞大而年轻的家庭，更需要她担负起照顾他们的责任，而不是将她的资产用来支持一个让人类和基督教徒蒙羞的政权。那些派来监督一个民族道德的人（无论他们隶属于哪一教派），以及那些公共自由的直接守护者，如果你们希望保护自己的祖国不受欧洲的腐败污染，那么你们肯定暗地里希冀独立。但是，将道德相关的部分留给个人去思考，我主要就以下方面阐述我的观点：

首先，美洲的利益驱使她脱离英国。

第二，哪种办法最为容易，且实际可行，是和解还是独立？下面是我的一些随想。

为了支持第一点，如果判断正确的话，我可以列举出这块大陆上最能干、最有经验的人士的观点。而且，他们在此问题上的一些想法公众目前还不知晓。事实上，这个立场不言自明，因为任何依赖外国势力、贸易受限、立法权力受到束缚及限制状态下的国家，都不能够在物质方面取得成就。美洲还不知道什么叫做富裕；尽管历史上没有哪个国家可以比拟她已经取得的成就，但就她可能取得的成就而言，美国目前仍处在孩童时期，她应该将立法权掌握在自己手里。此刻，英国正觊觎那些她想得到却对她没有任何好处的东西；美洲大陆正纠结于一件生死攸关的事犹豫不前。能给英国带来利益的是商业，而不是对美洲的征服，如果各国都像法国和西班牙一样彼此独立，那么这种状况多半将还会继续；因为对多数商品而言，他们找不到比美国更好的市场。但是，目前主要且唯一值得争论的话题是这个国家摆脱英国或者其他国家争取独立，而且就像所有其他必然会被发现的真理一样，这件事情将日渐清晰而强烈。

首先，因为这件事迟早都会来临。

第二，因为拖延的时间越长，实现起来也就越难。

我常在公共场合以及私下谈论那些说话不经思考的人犯下的不着边际的错误，以此来娱乐自己。在听到过的众多表述中，下面这种说法似乎最具代表性，也就是，如果英国与美洲之间的决裂发生在四五十年之后，而不是现在的话，那么这块大陆就更有能力来摆脱英国获得独立。就此说法，我的回复是，因上次战争所获经验实现的目前这种军事水平，四五十年后，可能会完全消失。到那时，这块大陆可能都没有将军，甚至连军官也没有。而且，我们，或者我们的接班人，会像古代印第安人一样对军事一无所知。如果专心研究的话，就单凭这一立场，便可毫不费力地证明当下的时机最好不过。论证方法是——上次战争结束之时，我们积攒了经验，但军队数量不足；然而四五十年之后，我们应该会有足够的数量，但却没有了经验。因此，合适的时机必须是两个极端之间的某一特定时间点，我们的军队既拥有足够的经验，又获得了数量上的增加。也就是说，最好的时机就是现在。

读者将会原谅我的这段题外话，因为这段话不适合放在我起初的话题之下，而且我现在要利用下面的立场回到最初的话题，那就是：

如果美国与英国之间的关系得到修补，那么英国将仍旧是美国的管理者和主权国（就目前的状况，美国正在完全放弃这种想法），我们偿还已有或将来可能招致的债务的能力会被剥夺。随着加拿大以100亩地仅仅5英镑的价格对她边界不公正地扩张，一些省份边缘地区被秘密剥夺的预留地的价值合计相当于2500多万宾夕法尼亚货币；而且按退租金每亩地一便士计算，每年将是200万。

通过售卖这些土地，在不给任何人增加负担的情况下债务可能会得以清偿，而且保留的退租金会减少，并且将最终支持政府每年的花销。当售卖的土地被用作清偿债务，那么债务要清还多长时间就无足轻重了，要完成这项工作，大陆议会将暂时担任美洲大陆的受托人。

现在我要谈论一下第二项，也就是"哪种办法最为容易，且实际可行，是和解还是独立？"下面是我的一些随想。

向自然寻求指导的人，他的论据往往不容易被驳倒，针对这点，我的回答向来是——独立一直以来都是一条简单的路线，我们自己可以控制。然而，和解是一件极其复杂，令人困惑不解的事情，和解也会遭到背信弃义、反复无常的宫廷干涉。综上所述，我可以毫不费力地给出这个答案。

　　对于任何一个具有反思能力的人来说，美国目前的状态确实令人震惊。没有法律，没有政府，除了那些因礼貌建立的权利之外，没有任何形式的权利。美洲目前由空前一致的情感维系在一起，然而，这种状态可能有所改动，而且没有一个秘密的敌人不是正在想方设法破坏这种团结。我们目前的情况是，空有立法，却没有法律，空有智慧，却没有计划，空有名号，却没有政体。令人惊奇的是，明明有完美的独立条件，却主张依赖英国。这样的处境可谓是史无前例的，这样的情况之前也从未有过，谁知道将来会怎样？在目前这个毫无支撑的体制下，所有人的财产都得不到保障。大多数人的想法都是比较随意的，感觉前方没有固定的目标，他们追逐幻想或流言之类的东西。没有什么算得上是犯罪，也没有背叛这回事，因此，每个人都认为自己可以随心所欲。如果保守党党员知道依据法律自己的行为可能会使自己丢掉性命，那么他们便不敢挑衅地公然集会了。战争中被俘虏的英国士兵，与武装起来镇压美国居民的人，是有区别的。前者是囚犯，但后者是叛徒。一方是剥夺他的自由，另一方是索要他的性命。

　　尽管拥有智慧，但是我们的一些行动里有着明显的缺点，这助长了意见的分歧。"美洲大陆皮带"扣得太松了。而且如果没有及时地去做某件事，那么去做任何事情都将会为时太晚，我们会陷入到既不能求得和解，又不能争取独立的处境。国王和他没用的拥护者玩起了分裂此大陆的老把戏，而且我们中间也不缺乏那些忙碌于将似是而非的谎言散播的印刷者。几个月之前就出现在纽约两家报纸，也同样刊登在另外两家报纸上的狡诈、虚伪的信件，可以证明有些人既缺乏判断力，又缺乏诚实。

很容易躲到角落来谈论和解，但这些人有没有认真考虑过这项任务有多么困难，而且大陆因此分裂的话，他们有没有考虑过那会多么危险。当他们考虑自己的情况和处境时，有没有替其他各种人想过。他们有没有设身处地为那些已经一无所有的人们考虑，为那些牺牲一切保卫国家的士兵们考虑。如果他们判断不当的中庸策略只适合他们自己的情况，没有考虑到其他人，这件事最终会让他们信服，"他们擅自做主"。

一些人说，让我们回到1763年那会儿。对此我的回答是，这样的请求，现在的英国没有能力来满足，她也不会建议这么做。但是，如果英国有能力这么做，而且也同意这么做，那么，在此我有个合理的问题要问，到底以什么方式让如此腐败、背信弃义的宫廷信守约定？另外一个议会，不，甚至现在的这个议会，可能以后借口这种义务是强加的，或者在不明智的情形下授予的，从而来撤销这项义务，而且，假如那样的话，我们找谁补救？我们不能像其他国家那样诉诸法律，大炮是国王的代言人，决定这场诉讼成败的是战争，而非正义之剑。回到1763年，只把法律放在同样的状态下是不够的，还要把我们的境况放回到那个状态才行。我们被焚毁、破坏的城镇需要修复或重建，我们的私人损失需要补偿，我们的公共债务（国防债务）需要免除，否则，即使身处那个令人羡慕的时代我们的处境也会比过去糟糕无数倍。如果这样的请求在一年前得到满足，那么英国或许会赢得这块大陆全心全意的支持——然而，现在太迟了，"时机已经错过了"。

如果拿起武器只是为了强制废除一部财政法律，这似乎没有神圣的法律依据，而且就如同拿起武器迫使顺从一样，这违背人类的情感。以这样的方式、方法实现这样的目标是没有必要的，因为人的生命如此宝贵，不应该浪费在这些琐事上。别人向我们施暴，或者用暴力威胁我们，别人用武力破坏我们的财产，甚至用武力侵略我们的国家，这些才是需要我们真正拿起武器进行反抗的事情。一旦有必要进行这样的防卫，所有对英国的臣服行为就应该立即叫停。而且，自从美洲对英国打响第一枪之时，美洲的独立就应该纳入考虑的范畴。这条线是一条连续性的线，既非出于一时遣兴，也非出于勃勃的野心，而是由一连串事件导致，这些肇事者不是殖民地。

我想要用下列及时、出于好意的暗示来结束我的谈话。我们应该意识到，以后可以通过三种方式来实现独立。而且，这三个方法中的每一个，迟早会决定美洲的命运，那就是，通过大陆议会上人民立法的声音，通过军事力量，或通过暴徒。我们的士兵不一定非得由市民组成，而且并非大多数人都能永远保持理性。美德，正如我曾经说过的那样，它不能遗传，也不能长期存在。

如果独立是依靠第一种方式实现，那么我们面前都是机会和鼓励，可以让我们组建这个地球上最高尚、最纯洁的政体。我们有能力来重建世界。自从诺亚方舟以来，直到现在，跟我们目前类似的这种处境从未有过。一个新世界就在眼前诞生，而且一群与欧洲居民人数相当的人在事件持续几个月后获得了他们的自由。这样的想法是令人恐惧的——从这个角度看，少数弱势群体或利益微不足道的群体，卑鄙低贱的吹毛求疵与具有世界意义的事业相比是多么地相形见绌、滑稽可笑。

如果我们忽视眼前有利、诱人的时机，以后通过其他方式获得独立，我们必须自己承担相应的后果，或者是，迁怒于那些心胸狭隘、抱有偏见的人，这些人是习惯性不加调查或反思就反对别人主张的人。就支持独立而言，我们有很多理由可以给出，然而这些理由无需明说，人们私下考虑即可。我们现在不应该讨论是否要独立，而是，要以坚定、可靠和高尚的基础来盼望实现独立，而且对尚未开始的独立行动深感不安。每一天都让我们确信独立的必要性。所有的人，甚至保守党党员（如果他们还身处我们中间），就都应该心系独立的推动。因为几位委员的初步任命，保护他们免遭公愤，因此，一个明智的政府形式就确立了，这是唯一可以让他们继续平安生活的方式。因此，如果他们的美德不足以让他们成为辉格党，他们也应该足够谨慎地盼望独立。

简而言之，独立是让我们团结一致的唯一纽带。我们稍候将找到目标，对那个使人迷惑、残酷无情的敌人提出的任何阴谋诡计都充耳不闻。再者，我们也将以合适的立场与英国交往；因为，我们有理由判定，相对于与那些所谓的"反叛的臣民"谈和解，与美国各州谈论和平条款更能保全英国王室的尊严。正是我们的迟疑不决才助长了她征服美洲的希望，而且我们的落后只能拉长这场战斗。我们曾中断与英国之间的贸易往来以弥补我们的冤屈，但是这并没有发挥很好的作用。现在让我们尝试另外一种方法吧，通过独立纠正这些问题，然后主动提议开放贸易。英国的商人和理性人士将继续与我们站在一起，因为和平与贸易要好过有战争无贸易。而且如果开放贸易的提议被接纳了，那么我们便可以进一步寻求与其他国家开展贸易了。

关于这个话题，我就说这么多。而且鉴于到目前为止还没有人出来反驳这本册子前面版本里包含的主张，这就可以从反面证明，要么就是主张不能被驳倒，要么有很多人支持。因此，不要抱着怀疑的心态彼此审视，让我们真诚地向邻居伸出友谊之手，联起手来划出一条界线，然后遗忘、埋葬过去所有的争吵。让辉格党和保守党的名字消失吧，让我们只听到这些称谓，"一个好公民""一个开放、刚毅的朋友"，以及"一个对人类权利和自由独立美洲合众国贤德的支持者"。

致教友会教徒的一封信

致人称教友会教徒的人民宗教协会的代表们，或者他们中间许许多多参与出版一本著作的人们，这本著作是《关于国王和征服，教友会教徒古代记载和原则，以及在美洲各地流行的骚乱，致广大公民》。

本书作者是少数从未以任何名义嘲讽，或无端指责对宗教不敬的人之一。在宗教方面，所有人都只对上帝负责，而不是对个人负责。因此，这封书信将你们视为政治团体，而非宗教团体，因为你们涉足了那自称宁静的教义所指示你们不要干涉的事项中。

因你们在没有得到适当授权的情况下，授权自己代表所有教友会的教徒们，那么身为本书的作者，为了和你们平等对话，他也有必要授权自己代表所有与你们所持观点、原则、著作相反的人们，而且，为了让你们发现自己发现不了的问题，作者选择了非常奇特的状况。他和你们都没有资格和权利称自己为政治代表。

当人们偏离正道，要是跌撞、摔倒也就不足为奇了。而且从你们管理证词的方式上就可以很明显地看出，政治（作为一个宗教团体）不是你们擅长的领域。因为无论这本书在你们看来有多好，它只不过是一堆有好有坏的东西不明智地拼凑而成的，因此得出的结论也是不自然，而且不公正的。

前两页（整本书也不过四页），我们对你们表示了感谢，同时，也希望从你们那儿得到同样的礼遇，因为不只是教友会的教徒们热爱、渴望和平，和平是所有人最虔诚的心愿，它是上天赋予的。在这片土地上，当人们为了建立属于我们自己的政体而辛勤奋斗时，我们的希望和目标就会高于其他人。我们的计划是永久的和平。

我们已经厌倦了与英国的争吵，终于明白除了最终的独立没有什么能真正结束这一切。我们的行动连贯一致，因为为了争取到永远的、不受干扰的和平，我们需要承受眼下的邪恶和重担。我们正在努力，而且继续努力，来割断、溶解那种已经用鲜血浸满我们土地的联系，而且，如果这种名义持续存在，这将成为两国未来不幸的致命祸根。

我们既不是为复仇而战，也不是为征服而战；既不是出于骄傲而战，也不是出于激情而战；我们没有率领自己的舰队和部队满世界炫耀，也没有毁坏地球四处掠夺。我们在自己的家园受到攻击，在我们自己的房屋，我们自己的土地上，受到暴力犯罪侵扰。我们把自己的敌人看作是拦路劫匪、入室行窃者，而且得不到任何民法的保护。不得已用武力来惩罚他们，而且在非常情况下，我们运用了刀剑，你们之前使用的是绳索。或许我们对整个美洲大陆所有地方被摧残、被凌辱的人们深表同情，你们内心或许还没感受到我们的心情。但是，请你们确保在编写证词的时候不要弄错批评的对象。不要把宗教等同于冰冷的灵魂，不要让盲信者代表基督徒。

噢，你们中间还是有人讲究原则的！如果拿起武器是有罪的，那么第一个冲向战场的就是罪不可赦，毕竟恶意进攻和不可避免的自我防卫是有很大区别的。因此，如果你们诚心布道，而且并不是为了把宗教作为一个政治工具，那么请通过向敌人宣传你们的主张来说服全世界，因为敌人们也拿起武器了。请通过圣詹姆士发行这本书，把这本书送给远在波士顿的首领，送给那些毁坏我们海岸的海军将领和舰队司令们，送给那些你们宣称效忠英国国王的杀戮百姓的恶棍们，以此来证明你们的诚意。如果你们有巴克莱*那样诚实的灵魂，那么你们应该向你们的国王宣讲忏悔；你们应该告诉这位皇家暴君他所犯下的累累罪行，并且警告他永久毁灭这样的事情。你们不能只一味地抨击那些受到伤害、受到屈辱的人，而应该像忠实的牧师一样，大声呼求，一视同仁。不要说你们受到了迫害，也不要尝试说是我们发动了对你们的责难，你们这是自作孽不可活。因为我们向所有人保证，我们不会因为你们是教友会教徒而控告你们，我们之所以对你们不满是因为你们假装自己是教友会教徒，实则不然。

唉！从你们提供的部分证明，以及你们的部分行为来看，好像所有的罪恶都与拿起武器的行为密不可分，而且只与人民拿起武器相关。你们看起来好像混淆了政党派别与公平，因为你们行为的整体走向缺少一致性。

---

* "你们已经享受过繁荣，也历经了不幸；你们深知从故土上被放逐是什么滋味，知道什么是被统治，什么是统治，以及什么是登上王位；饱经压迫，你们有理由知道在上帝和人类眼中，压迫者是多么地可憎。如果在听过所有这些警告和公告后，你们依然不能全心向主，而且遗忘了这个曾救你于危难中的人，依然纵情声色，追名逐利，你们一定会受到谴责。要避免陷阱，以及那些推动你做坏事的诱惑，最良好、最普遍的补救办法就是，接受照耀你心灵的上帝光辉，这样的光辉既不会让你阿谀奉承，也不会让你犯了罪孽后悠然自得。"——巴克莱《致查尔斯二世》。

让我们来赞美你们那些虚伪的顾虑实在很难，因为我总能看到同样的一些人虽然口口声声宣称自己反对尊奉金钱，然而，同时却对财富趋之若鹜，如蝇逐臭。

你们证词第三页引用的格言，即"当一个人总是想方设法取悦上帝的时候，那么他甚至能够让敌人与他和平相处"。对于你们来说，这段话截取得非常不明智，因为，这就相当于证明了，国王（你们死心塌地支持的这个人）想尽办法惹恼上帝，否则，他的君主统治应该是和平的。

我现在继续来分析你们证词的后面一部分，在此之前的不过是一个引言，也就是说：

"自从我们受到召唤宣称信仰耶稣基督的光辉以来，树立及废除国王和征服是上帝专有的特权，这一直以来也是我们内心尊崇的原则和主张，知晓原因的只有上帝本人。我们不应该插手此事或耍什么花样，也不应该有任何越权行为，更不应该密谋筹划摧毁、推翻国王或政府，而是要为国王祈祷，保佑我们祖国以及所有人民幸福安康。愿我们拥有和平、安静的生活，这一切美好而真诚；让我们顺从上帝为我们安排的政府。"如果这些真的是你的原则，为何你不遵守？为何不让上帝自己处理那些你口中所谓的"上帝的工作"？这些原则教导你们要耐心、谦逊地等待所有公共事件的结果，而且接受这些事件就像接受神的旨意一样。因此，如果你完全相信那些证词所说的，那么什么样的场合适合它们呢？而且，这本书的出版，要么证明你不相信自己所宣称的信仰，要么你没有足够的美德来实践你所相信的。

教友会的基本信念是倾向于让人安静，服从任何管理他们的政府。而且，如果建立、废除国王和政府是上帝独有的特权，那么他肯定不受我们左右。因此，这些理念本身让你们相信那些已发生，或可能发生在国王身上的事情都是上帝的旨意。奥利弗·克伦威尔在此向你们致谢。那么查尔斯也不会死于凡人之手。如果现在查尔斯的那个傲慢模仿者也落此下场，那么这本主张所包含的证词的作者、出版商们会欢欣雀跃。让国王消失的并不是奇迹，政府的更迭就是通过我们现在正在使用的这种方式实现的，而不是靠其他外力。即使我们的救世主预测到驱散犹太人的事件都是靠武力完成的。因此，当你拒绝支持一方的时候，你也不应该干涉另一方，而是在沉默中等待这件事情的结果。除非你们能够通过神权来证明，是万能的上帝创建了这个新世界，而且将其安排在远离一切旧世界，尽可能远的地方，一个东，一个西，然而，却不愿让她脱离腐败、毫无约束的英国宫廷。除非你能够证明这一点，否则，你要如何依据自己的原则证明鼓动、刺激人民做下面这件事是正确的。"坚定地团结起来排斥所有那些表达渴望，企图中断我们与英国之间令人享受的关系，中断我们对国王正义必要的服从，以及中断与那些受国王任命合法存在的人联系的所有此类著作和措施。" 这是多么响亮的一记耳光啊！那些人就在刚刚还默默、消极地把任命、改变以及废黜国王和政府的事宜交到上帝手中，现在却要撤销自己提出的原则，参与到这件事中来。有没有可能刚才提到的结论也是取自他们的主张？这样的自我矛盾实在是太显而易见，想不注意到都难；这样的荒谬滑稽实在是太荒诞可笑，想不发笑都难；制造出这种情况的人，只能是那些受到绝望政党狭隘、执拗执政风格阴暗影响的人，因为你们不能被认为可以代表整个教友会，而是只能代表非常小的一部分。

对你们证词的分析到此为止（虽然你做过那些事情，但我并不号召人们憎恶这本书，希望大家阅读这本书，并且给出公正的判断）。在此我还想多说几句。"国王的树立以及废黜"大多时候是指，把一个不在王位的人推上王位，把一个身在王位的人拉下王位。然后祈祷这件事与我们正在做的事情有什么关联。我们既不想树立，也不愿废黜国王，只是不想与他们有任何联系。因此，不论从何种角度来看你们的证词，你们的判断都是有误的，而且综合考虑到各个因素，这篇文章不如不发表。

首先，因为它有辱没宗教的嫌疑，而且让宗教卷入政治纠纷，这对社会来说十分危险。

第二，因为事实表明很多人不支持发表这篇政治证词，担心会被卷入其中，而且让人误以为他们支持这件事情。

最后，因为它可能破坏美洲大陆的和谐与友谊，而这样的和谐与友谊是靠大家慷慨捐助才得以建立的；保持这份和谐与友谊，对我们所有人来说至关重要。

在此，不带任何怨气或怨恨，我要跟大家道别了。

真心希望，无论是作为普通百姓，还是基督教徒，你们都能够永远不受干扰充分享受每一项公民及宗教权利，而且你们也能帮助并保证其他人能一样享有这份权利。但你们将宗教与政治混为一谈不明智地给出的例证，可能会遭到每一位美洲人的抵触和谴责。

终

下面这篇小短文写于1795年的冬季及1796年，而且之前我并没有决定好是在战争进行期间发表还是等到和平时期来临之际发表。因此，自完稿之日起，它就一直放在手边，不曾修改也不曾增添。

让我决定现在发表它的原因是兰达夫的华森主教的一次布道。我的一些读者可能会记起，这位主教写过一本名为《为圣经辩护》的书，回应我《理性时代》第二部分。我恰好有本这位主教的书，而且我想就这本书谈论一下我的一些看法。

在主教这本书的结尾部分有一张他曾写过作品的列表。其中就提及了那篇布道，题目是《上帝在创造穷人和富人时的智慧及美德》，还有一份附录，包含了对英国和法国目前形势的深思。

这篇布道里面包含的错误信息促使我决定发行这篇《土地公平论》。认为上帝创造了富人和穷人的观点是错误的。上帝只创造了男人和女人，给他们提供了赖以生存的土地。

牧师们应该多花点时间考虑如何让人们整体的生活

环境更好，而不是傲慢地鼓吹一部分人……宗教的实用性存在于行善上，服务于上帝的唯一方式就是努力让他创造的人类开心快乐。与此无关的所有布道都是胡言乱语、装腔作势。

托马斯·潘恩

>>> 土地公平论

立法改革的目的之一就是保留所谓文明生活的好处，同时修正其带来的弊端。

那种被骄傲地，可能错误地称为文明的状态，是很大程度上提升了还是伤害了人们的普遍幸福这个问题非常值得探讨。一方面，旁观者被那些光怪陆离的外表弄得眼花缭乱，另外一方面，他们对那些极端的悲惨感到震惊不已。这两种情形都是文明带来的。人类中最富裕、最悲惨的人都能够在这个所谓的文明国度里找到。

要理解这个世界应该是什么状态，就有必要了解一下在自然、原始状态下生活的人们，比如当前北美印第安人的生活。那样的一种状态下，没有人会看到像欧洲所有城镇和街道上因为贫穷和物质匮乏造成穷人悲惨生活的景象。

因此，贫困是所谓的文明生活的产物。它不存在于自然的状态下。另外一方面，自然状态不具备农业、艺术、科学以及制造业带来的好处。

如果把印第安人民的生活和欧洲穷苦人民的生活作一比较，那么前者每天过得都跟假日一样，但是，从另外一方面来说，如果把他们的生活与欧洲富人的生活作个比较，他们又会显得极其可怜。因此，文明或所谓的文明，有着两方面的操作方式：一方面它使社会上的富人更加富有，另外一方面，它让穷人过得比起自然状态更加凄惨。

从自然状态过渡到文明状态的可能性一直存在，但是人们永远都不可能再从文明状态回归到自然状态。理由是，自然状态下的人们靠打猎为生，要获取足够食物的土地数量是文明状态下耕种土地所需数量的10倍。

因此，当一个国家在耕作、艺术和科学的额外帮助下人口密度激增，那么情况便需要在这样的状态下维持下去。因为，不这么做，可能就没有足够的食物来供应十分之一以上的居民。因此，现在要做的事情就是消除从自然状态过渡到所谓文明状态时社会所出现的弊端，同时也继续发扬那些优点。

从这个立场出发来考虑此问题，文明的首要原则无论是过去还是现在都应该是，自从文明时代开始，每一个社会人的生活条件都不应该比出生在文明社会开始前糟糕。

但事实是，在欧洲的每一个国家，数百万人民的生活条件比他们出生在文明社会开始前更为糟糕，也比目前出生在北美洲印第安人的生活条件要差。我会向你解释事情为何会是这样。

毋庸置疑的一点是，自然、未开垦状态下的土地过去是，将来也依然是人类的共同财产。在那种状态下，每个人都生来拥有财产。他应该与其他人分享土地，以及所有土地的自然产物，如蔬菜以及动物。

但是如果之前所说的，自然状态下的土地与开垦后的土地相比较，前者只能供给一小部分数量的居民。而且由于不可能将耕作带来的改良（这种改良就是在土地上进行的）与土地本身区别开来，土地财产概念应运而生表达了这之间不可分割的关系。然而，真实情况是，属于个人财产的只有改良带来的价值，而不包括土地本身。

因此，每一个已耕作土地的经营者需要为他们所拥有的土地向社区交纳地租（我想不到一个更好的词语来表达这一概念）；本计划中提及到的基金就是来源于这份地租。

从事物的本质，以及历史的演变可推断出，土地财产这一概念开始于耕作时期，而且在此之前从未有过土地财产这样的说法。它既不可能存在于人类的第一阶段，即狩猎阶段。也不可能存在第二阶段，也就是畜牧阶段。根据《圣经》中所记载的值得相信的历史来看，亚伯拉罕、艾萨克、雅各以及约伯都不曾是土地拥有者。

他们的财产里面总会有牛羊群在列，随着他们从一个地方转移到另外一个地方。在这些人居住的地方，干燥的阿拉伯国家，那里的人们经常为一口井的使用发生争执，这也说明那里没有土地财产。把土地作为财产这件事在当时没有得到认可。

最初没有土地财产这回事。人类并没有创造出土地，而且尽管他们拥有对土地的天然使用权，但是他们没有权利将其中的任何一部分永久地据为己有。土地的创造者也没有开设土地办公室，也不能够颁发第一批地契。那么土地财产这一概念什么时候形成的呢？如同我之前回答过的，耕种开始的时候，土地财产这一概念也就随之形成了，这一切都是源于无法将耕种带来的改良与土地本身区分开，因为改良本身就是在土地上进行。

到目前为止改良的价值超越了天然土地本身的价值，以至于后者不得不将前者纳入其中。最终，所有人拥有的共同权利会与个人的耕种权利混淆一体。然而，还是存在不同种类的权利，而且只要土地持续存在，这些权利将继续存在。

对于一些事情，只有追本溯源我们才能获得正确的理解，而且正是通过这样的想法，我们才发现了对与错之间的界限，而且教育每个人了解这种界限。我把这份小册子命名为《土地公平论》以此来与《土地法》区别开。

在一个通过耕种进行改良的国家，没有什么比《土地法》更有失公允的了。因为尽管作为这块土地的居民，每个人都是自然状态土地的拥有者，但这却并不意味着他对开垦后的土地依然具有拥有权。这一体制得到认可后，土地开垦带来的额外价值就变成了开垦者的财产，又或是其继承人或购买人的财产。土地原本不属于任何人。因此，当我主张维护那些因为土地财产体制的实施而被剥夺了土地继承权的人们的利益时，我也同样保护那些获得了应有土地的人们的权利。

耕种是人类发明带给自然界最伟大的改良之一。它使得土地的价值翻了10倍之多。但是，随之产生的土地垄断带来了极大的祸害。它使得每个国家一半以上的居民丧失了天赋的继承权，却没有为他们的损失提供本应该为他们提供的赔偿金，而这带来的是人民前所未有的穷困潦倒的生活。

在为继承权被剥夺了的人们呼吁时，我为他们申诉的是一项权利，而非一份救济金。这样的权利属于那些最开始被忽略，而后只能通过政府体制改革才能得以伸张的人。那么让我们向这些变革致敬，因为它们伸张了正义；让我们宣扬它们的原则，因为它们带来了福音。

在简单讲述了这件事情的意义后，我应该开始讨论我必须要提议的方案，这就是：

设立一个国家基金，从中拿出15英镑给每一个年满21岁的年轻人作为对他或她因为土地财产体制的实施而失去天赋继承权的部分补偿。

还有，给每一个活着的年满50岁的人每年支付10英镑，直到他们离开这个世界，同时也向所有其他这个年龄段的人提供同样的待遇。

设立基金的方式

我已经确立了一项原则，那就是，土地在其自然未开垦的状态下会一直都是人类的共有财产。在那种状态下，每个人都应该生来拥有财产，与所谓的文明生活以及耕作密不可分的土地财产体制已经吸收了所有那些被它剥夺的人的财产，然而却没有对那些人的损失作出本应有的赔偿。

然而，错误不在现有土地拥有者身上。不应抱怨他们，也不应该断言对抗他们，除非那些人采取了违背公正的犯罪手段。错误在于体制本身，它悄悄潜入这个世界，后来又得到农耕法律这把利剑的支持。但是，后代可以改正这样的错误，且在不减少或不打乱现有土地拥有者的财产前提下，在基金成立的第一年或者随后就全面开启基金的运作。下面我会说明运作的方式。

如前所述，建议向所有人（无论穷人或者富人）支付赔偿金。这是避免因为区别对待而引人嫉妒的最好做法。这就是正确的做法，因为赔偿金是用来替换天赋继承权的，而天赋继承权作为一项权利，属于每一个人，这种财产区别于他所创造的财产或区别于从财产创造人那里继承的财产。那些不愿意接受赔偿金的人可以将其捐赠给公共基金。

要是理所当然地认为，比起出生在自然状态下的人，出生在所谓文明状态下人的生活条件应该更好，文明早就应该，并且仍然应该为此目的作好准备，要实现这一目的的唯一方式是通过从财产中提取相当于它所吸收的自然遗产价值部分。

要想实现这一目的，可能有很多种方法，但是看起来最好的方法是财产因某个人的死亡而给另外一个人传承下去（不只是因为这种方法实施起来不会影响现在的土地拥有者，不会干涉政府和革命目的需要的税款征收或借款，而是因为这种方法最简单，最有效，也还是因为财产扣除的时机最合适）。这种情况下，遗赠者什么都没有给予，接受者什么也都没有付出。跟他唯一相关的是天赋继承权的垄断，这项权利从来不曾存在过，开始在他这儿终结。一个慷慨的人不会希望这样的垄断继续，然而公正的人将会非常高兴看到垄断权被废止。

我的健康状况让我无法对概率的主张作出一个充分的调查，在此基础上尽最大可能作出尽可能准确的计算。因此，我在这方面提供的更多是观察和思考的结果，而非接收到的信息，但我相信这样的结果会与事实充分匹配。首先，把21岁作为成年期，一个国家所有的财产，不动产以及个人财产通常都由这个年龄段以上的人拥有。其次，作为计算的数据，有必要了解这个年龄段以上的人平均还能活多少年。我将30岁作为一个平均数，因为很多人在21岁之后还会再活40年、50年，或60年，其他人可能去世得更早一些，而且在此期间每年都会有一些人去世。

假如我们把30年作为平均时间，在物质总量不变的情况下就会知道一个国家所有的财产，或资本或相等数量财富经历一整个变革的平均时间，也就是说，随着一些人的去世，财产会移交到新的主人，尽管在很多情况下，某个人对一些资本的占有可能会长达40年、50年或60年，但是其他的资本可能会在30年期满前已经周转了两次或三次，这样一来，平均时间仍是30年。因为如果一个国家半数的资产在30年内周转了两次，那么这个结果产生的基金相当于一个国家所有资产在30年内周转了一次。

如果我们把30年作为一个国家整个资本，或者数量相等的资本周转一次的平均时间，那么1/30的部分就是每年周转的总数，也就是，会随着死亡传给新的拥有者。而且，在得知最后这个总数，并且确定了扣除的比例之后，便可得知基金在按照上面提到的方式支付后每年的收入。

在查看英国首相皮特被国内称为"预算"的演讲（《1796年财政计划》）时，我找到一份英国国家资本预算。因为手头上正好有这份国家资本的预估，那我就把它作为行动的参考数据。任何一个国家的可知资本及人口被计算出来时，其他国家将把这些数据作为一个参考，与自己的资本及人口进行比较。

我更倾向于利用皮特先生的预估向这位首相证明，根据他自己的计算，钱原本可以投资在更有用的地方，而不是浪费在建立波旁王朝的疯狂举止上面。以上天的名义，波旁王朝对英国人民意味着什么？让人们解决温饱问题要比这好得多。

皮特先生说英国的国家资产，不动产和个人资产，共有13亿英镑，这是法国，包括比利时国家资产的1/4。各个国家上一个收获季节表明法国的土地比英国的土地更加高产，而且法国的土地足足可以供养2400万或2500万居民，而英国的土地却只能供给700万或750万人口。

1,300,000,000英镑资金的1/30是43,333,333英镑，这部分资金每年将会以通过死亡传递给新拥有者的方式周转；以1/4的比例计算，在法国每年周转的资金数额将是173,000,000英镑。从每年周转的43,333,333英镑中减去其中所吸收的自然遗产的价值，或许，公平地来讲，应该在1/10左右。

每年通过死亡周转的资产中的一部分很有可能是通过直系传给儿女，另外一部分是传给旁系，经发现这个比例大约是3:1；也就是说，以上提到的数额大约会有3000万英镑将传给直系继承人，而其他13,333,333英镑会由远亲甚至陌生人继承。

那么考虑到，人类和社会总是密不可分，人们之间的关系会因为下一代亲属关系的疏远相比较而言变得更为重要，因此，更准确的说法是，如果没有直系继承人，划归社会的那部分应该会超过1/10。

鉴于下一代亲属的关系有近有远，这一额外的部分为5%到10%或到12%，以此来平衡那些可能减少的无人继承的财产，这一部分应该交给社会，而不是政府（额外增加10%以上），那么每年43,333,333英镑中会有如下数额进入基金：

£ 30,000,000 × 10%＝£ 3,000,000

£ 13,333,333 × 10%＋£ 13,333,333 × 10%＝£ 2,666,666

因此得出，£ 43,333,333中可以有£ 5,666,666贡献给基金。

得出经提议的基金年度总额之后，下一步我要谈论一下与这份基金相匹配的人口并且将其与基金未来的用户相比较。

　　人口（我指英国的人口）不超过750万，在这种情况下50岁以上人口的数量约为40万。然而，这些人里面接受提议中每年10英镑的人会少于40万，尽管他们享有这样的权利。我不认为那些很多年收入在200或300英镑的人会接受这10英镑。但是，我们常常会看到富人，即便是在60岁，也可能突然变得一贫如洗，他们仍会拥有提取所有欠款的权利。因此，上面提到的£5,666,666年度总额中需要有400万英镑用来支付给40万上了年纪的人，也就是每人10英镑。

　　现在我要谈一谈每年年满21岁的那些人。如果所有人的死亡年纪都超过21岁，那么每年年满21岁的人口数量应该等同于每年的死亡人数，以此来保持人口数量不变。但是，很大一部分人不到21岁便死亡，因此，每年年满21岁的人数还不及每年死亡人数的一半。

　　750万人口中每年死亡的总人数约在220,000人。每年年满21岁的人数将约是100,000人。鉴于之前提到的原因，尽管跟前面提到的情况一样，他们有权接受这15英镑，但并不是所有这些人都会接受这15英镑。假设1/10的人拒绝接受这部分钱，那么相应的数额便会是这样：

年基金 ···································· £ 5,666,666

给40万老年人每人10英镑 ················ £ 4,000,000

给10万年满21岁的人每人15英镑 ········ £ 1,350,000

£ 5,350,000

节余：£ 316,666

　　每个国家，都有一定数量的盲人和身体有残疾无法生存的人。但是，多数人往往都在那些年满50的人群中，因此他们将享受属于这个年龄段的福利待遇。剩余的£316,666将用在那些年逾50的盲人以及身体有残疾的人士，每个也是每年£10。

　　作完所有这些必要的计算，并且在陈述了本方案的具体细节之后，我想谈谈我的一些发现，以此作为结尾。

　　我所恳求的不是一份施舍，而是一项权利，不是一份慷慨，而是一个公平。文明目前的状况既不令人厌恶，却也不公平公正。跟它原本的目的背道而驰，有必要对其进行一次变革。富足和不幸就像死人和活人的身体被链条捆绑在一起一样，不断地进入人们的视线，刺得眼睛生生发痛。尽管我像其他人一样对财富关心甚少，但是我却是财富的好朋友，因为能够用它们来做好事。

　　我不在乎人们要有多么富裕，只要他们不会因此生活得痛苦不堪。但是当生活中有那么多悲惨和不幸时，人们根本不可能有心情来享受财富带来的幸福感。悲惨的生活情境，以及它所引起的不愉快的感觉尽管可以抑制，但却不能根除，相对于扣除提议中价值10%的财产，这样的情况对财富带来的幸福感影响更大。不愿出钱帮助别人摆脱贫困的人没有仁爱之心，甚至对于自己也没有。

　　每个国家都有许多由个人创建的非常不错的慈善机构。然而，当考虑到需要得以缓解的整个不幸的程度时，任何个人能做的事情都非常有限。他或许可以满足自己的良知，但却无法使自己的内心得到满足。他或许可以倾囊相助，但也仅仅是杯水车薪。只有依靠滑轮系统那样的原理来组织文明社会，整个苦难的负担才能得以移除。

此处提议的方案将触及到所有人。这套方案将立即把三类生活不幸的人群——盲人、跛子以及年事已高的穷人解救出来，并且使他们从我们的视线中消失。这套方案还会给冉冉升起的新生提供摆脱贫困的方法，而且达到这样的效果时它不会弄乱或者干涉任何国家安排。

为了表明事实情况的确如此，只需要观察这个计划的运作以及将会达到的普遍效果，也就是好像每个人都自愿制订遗愿并且按照此处建议的方式处理财产。

但是，这一方案的原则是正义，而不是慈善。在所有重大事宜中，有必要制定一个比慈善更具有普遍积极意义的原则。至于公正，不应该交由孤立的个人选择他们是否要维护正义。然后，考虑到维护公正的计划，应该是全体人民遵循革命原则自发产生的行为，而且这样的行为应该是以国家的名义进行的，而不是以个人名义。

建立在这一原则基础之上的计划将使革命从公正意识产生出的极大能量中受益。这一计划还会使国家资源成倍增加。财产如同植物一样，伴随着枝条繁衍。当一对年轻夫妇初次闯荡世界时，白手起家与每人各揣15英镑的情况截然不同。有这15英镑，他们可以购买一头牛，以及购买耕种几亩土地所需要的工具；他们因此可以成为更有用的人才，而不是成为社会的负担（这种情况总会发生在生育孩子的速度过快，却没有能力给养他们的家庭）。如果能够给开垦小块土地的人们提供金钱上的帮助，那么国家的土地便会售卖得更好。

文明社会不公平的做法（这种做法既不能称之为"善举"，也不能称之为"政策"）就是只在人们陷入痛苦和不幸时才提供帮助。即使是从节俭的角度来看，采取办法避免他们变得贫穷岂不更好？最好的办法就是让每个人在年满21岁的时候都能继承一点财产。

严峻的两极分化表明社会中有一些重大问题需要正义来帮助修正。在各个国家，大量穷人将会一代代遗传下去，几乎不可能让这些穷人自己摆脱贫困。此外应该注意到的是，所有所谓的文明国家里这部分人群还在大量增加。每年陷入贫困的人比脱贫的人要多很多。

尽管这份计划的基本原则是正义和仁爱，利益不应该计算在内，然而，要是能够表明某个方案可以带来益处，那么这对建立这个方案总是有利的。任何提交的公众考虑的提议方案要想成功，必须取决于支持这一方案的人数，还要结合方案原则的公正性。

这里提议的方案将惠及所有人，且不会伤害任何人。它会巩固共和国与个人之间的利益。对于因为实施土地财产体制而被剥夺了天赋继承权的很多人来说，这就是一项国家正义的行动。对于那些拥有一定财富即将离世的人们来说，这将作为他们孩子的联合养老金，这比把钱款投入到基金更为有益。这项方案将为财富的积累提供一定程度的保障，而这一切是摇摇欲坠、自身难保的欧洲陈旧政府所不能给予的。

我不认为在欧洲任何一个国家，会有超过10%的家庭在一家之主离世时留下500英镑的净资产。对于所有家庭来说，这项方案是有利的。从资产中抽出50英镑投入基金，而且如果家庭只有两个未成年孩子，这两个孩子将在21岁的时候每人收到15英镑（共计30英镑），而且50岁之后每人每年又可以领取10英镑。

基金从财产的增长中支持自己，而且我知道在英国尽管这些财产的拥有者最终会享受90%的财产保护权，却依然公开反对这一方案。先不去调查他们是如何得到那笔财产的，让他们回顾一下他们自己曾是这场战争的拥护者。而且皮特先生为了支持奥地利和波旁暴政反对法国独立，向英国人民每年征收的新税比本方案提议的需要支付的所有款项总和都要多。

在作这份方案里提到的计算时，所谓的个人财产以及土地财产都计算进内了。把土地财产纳入计算的原因前面已有所解释；对个人财产进行计算，虽然依据的原则不同，但理由也是同样充分。如上所述，土地是全人类共同的造物主赐予我们的免费礼物。个人财产是受社会影响而产生的；而且如果没有社会的帮助，个人是不可能获得个人财产的，就如同他最初无法开垦土地一样。

如果将个人从社会中分离出去，给他一座岛屿或者一个大陆，他不能得到个人财产，也不会变得富裕。在所有情形中，方法与结果不可分割地联系在一起，不存在前者，也就无法获得后者。因此，所有个人财产的积累，远不能只靠个人的双手获得，这一切都来源于他生存的社会。而且无论是从正义、感恩以及文明的角度来讲，他都应该将所积累的财产中一部分交还给社会，因为这一切都来源于此。

现在是在一个总的原则下来分析这件事情，而且或许目前这样做最好，因为如果我们仔细研究整个事件，就会发现在许多情况下，个人财产的积累是来源于给创造财富的劳动者极少的报酬。这样做的结果是，劳动者因为年老而死亡时，那些雇主却依然坐拥荣华富贵。

也许不可能精确地计算出劳动力的价格与其所创造利润之间的比例。为不公正的现象辩护，一些人可以说即使给工人们增加了每天的工资，他们也没法存钱养老，生活也不会暂时因此变得更好。那么就让社会作为财务主管来替工人把钱放进公共基金进行保管吧，因为某个人不会理财而将他的钱财拿走，这毫无道理可言。

在欧洲盛行的文明状态是不公正的，而且效果也十分令人厌恶。正是由于意识到这一点，并且惧怕一旦在任何国家开展这种调查，那么这样的状况便无法持续，这一切都使得财产的拥有者谈革命色变。妨碍他们进程的不是革命的原则，而是革命带来的风险。鉴于此，建立一个体制不但能够用来保护社会中一部分人陷入贫困，还能保证另外一部分人的财产不会贬值，这不仅是出于保护财产的需要，也是从正义和仁爱角度出发。

所有国家以前对财富迷信般的敬畏，奴隶般的尊敬正在消退，财产的拥有者处于动荡不安之中。当财富和华丽的外表不再能够迷惑大众，反而招致反感；当它们不再能够唤起赞赏，反而被认为是对不幸的侮辱；当浮夸的表象让人开始怀疑财产来源的正当性，财产的问题就变得非常关键了，而且只有在公正的体制下，财产的拥有者才能够获得安全感。

要想移除危险，就有必要消除穷人对富人的憎恶，而要想实现这一点只能通过使财富惠及到国家以及每一个人的福祉的方式。当一个人的财富多过他人时，就应该相应地增加他在国家基金里的投入额度。当人们最终明白基金的繁荣依靠个人财富的增加，以及个人获得的财富越多，给大众带来的利益越多时，穷人对富人的憎恶就会停止，而且财产才会建立在国家利益和得到保护的永久基础上。

在法国，我没有与我所提议的这项方案有关的财产。我所拥有的财产都在美国，尽管没有多少。但是一旦这样的基金得以在法国建立，我愿意向此基金支付100英镑，而且无论何时英国也设立这样类似的基金，那么我同样愿意支付100英镑。

如果对政府体制进行革命，那么一场在文明状态体系开展的革命将不可避免。如果一个国家的革命是从坏到好，或从好到坏，那个国家所谓的文明状况也必须与其步伐一致，只有这样才能有革命的效果。

专横的政府利用卑屈的文明支撑自己，对其主要的判断依据就是人类思想的退化，多数人生活的不幸。这样的政府只不过视人类为动物，而且认为利用智商思考问题不属于人类的才能；人类与法律毫无瓜葛，只需要遵循即可；而且他们通过利用贫困摧毁人们的精神来维护自己的统治，而不去担心绝望会把人民激怒。

在文明状态下开展的革命会使得法国的这场革命更为完善。认为实行代表制度的政府才是真正政府体制的观念正在全世界迅速传播。这种体制的合理性众人皆知。它的公正性甚至都被反对它的人所感知。但是当一种文明体制（产生于那种政府体制）被组织得如此井然有序，以至于出生在共和国的每一个男人和女人都会继承到一定数量的遗产来闯荡世界，并且能够看到一个可以摆脱困难的、光明的前景，而在其他政府的管制下，暗无天日的前景将伴随他们终生时，这场法国革命将赢得全世界各国的拥护和支持。

拥有信念的军队可以攻入普通士兵难以到达的地方，也能够在策略管理失效的地方取得成功。不论是莱茵河，英吉利海峡还是海洋都不能阻挡它前进的步伐。这支军队将纵横天下，无往不胜。

实施提议方案，让它同步促进公共利益的方法

I. 每个行政区都应该在初级议会中选举出三人，作为该行政区的政府特派员，这些人根据依法颁布的有关实施此方案的章程了解并记录发生在那个行政区的所有事宜。

II. 法律应该就以何种方式确定离世人群的财产制定相关规定。

Ⅲ. 当离世人员的财产数量得到确认后，那笔财产的主要继承人，或共同继承人中年纪最大的继承人，在达到法定年龄或不到法定年龄的情况下，由离世人员指定的代表向行政区政府特派员承诺在一年或更短的期限内（由付款人自己选择）分四次交清上述款项的十分之一。全部财产中的一半将被作为保证金，直到承诺的数量全部交清。

Ⅳ. 承诺书应该在行政区的委员办公室进行注册，而且承诺书原件应该存储在巴黎国家银行。每个季度银行应该公布其拥有的承诺书数量，还应该发布自上一季度公告以来已经偿还的保证金或部分偿还的保证金。

Ⅴ. 国家银行应该根据其拥有的承诺书金额发布银行票据。发布的银行票据将用于向老年人支付养老金以及用于向年满21岁年轻人支付补偿金。可以合理假设的是，如果人们并不急需这笔资金，那么他们可以暂停基金的提取，直到他们得到更高的提取资格。这种情况下，我提议在每个行政区设立一个荣誉登记表，登记那些暂停基金提取权利，至少是在目前战争期间不会提取的人的名字。

Ⅵ. 因为财产继承人必须在四个月内或者根据他们选择的更短时间内兑现承诺，通常在第一季度结束时就会有现金到账，来兑换需要收回的银行票据。

Ⅶ. 根据发布的银行票据，那些进入流通领域的票据，因为有超过其本身四倍价值的最好的有形财产作保障，而且持续有现金流入银行，因此可以保证随时兑换，在法兰西共和国各地都有长期价值。因此，可以用它们支付税款，或者作为等同于现金的借款，因为政府总是能够在银行里把它们兑换成现金。

VIII. 从本方案确立后第一年开始，有必要以现金形式交纳那十分之一的款项。但是第一年结束的时候，财产的继承人既可以用以基金为基础发行的银行票据支付那十分之一的付款，也可以使用现金。

如果使用现金付款，那么现金将作为保证金存在银行，用来兑换相同数额的票据，而且如果是以基金为基础发行的银行票据，那么这将需要提现的金额与基金额度相同，这样的话，本方案就有办法顺利实施了。

Thomas Paine

Scommon Sense

哈尔滨出版社
HARBIN PUBLISHING HOUSE

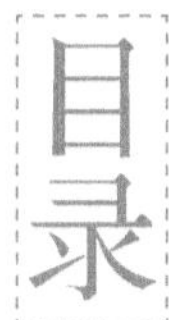

>>> **Common Sense**

Introduction

Perhaps the sentiments contained in the following pages, are not yet sufficiently fashionable to procure them general favour; a long habit of not thinking a thing *wrong*, gives it a superficial appearance of being *right*, and raises at first a formidable outcry in defence of custom. But the tumult soon subsides. Time makes more converts than reason.

As a long and violent abuse of power, is generally the Means of calling the right of it in question (and in matters too which might never have been thought of, had not the Sufferers been aggravated into the inquiry) and as the K—of England had undertaken in his *own Right*, to support the Parliament in what he calls *Theirs*, and as the good people of this country are grievously oppressed by the combination, they have an undoubted privilege to inquire into the pretensions of both, and equally to reject the usurpation of either.

In the following sheets, the author hath studiously avoided every thing which is personal among ourselves. Compliments as well as censure to individuals make no part thereof. The wise, and the worthy, need not the triumph of a pamphlet; and those whose sentiments are injudicious, or unfriendly, will cease of themselves unless too much pains are bestowed upon their conversion.

The cause of America is in a great measure the cause of all mankind. Many circumstances hath, and will arise, which are not local, but universal, and through which the principles of all Lovers of Mankind are affected, and in the Event of which, their Affections are interested. The laying a Country desolate with Fire and Sword, declaring War against the natural rights of all Mankind, and extirpating the Defenders thereof from the Face of the Earth, is the concern of every Man to whom Nature hath given the Power of feeling; of which Class, regardless of Party Censure, is the AUTHOR.

P.S. The Publication of this new Edition hath been delayed, with a View of taking notice (had it been necessary) of any Attempt to refute the Doctrine of Independence: As no Answer hath yet appeared, it is now presumed that none will, the Time needful for getting such a Performance ready for the Public being considerably past.

Who the Author of this Production is, is wholly unnecessary to the Public, as the Object for Attention is the *Doctrine itself*, not the *Man*. Yet it may not be unnecessary to say, That he is unconnected with any Party, and under no sort of Influence public or private, but the influence of reason and principle.

Philadelphia, February. 14, 1776.

Of the Origin and Design of Government in General. With Concise Remarks on the English Constitution

Some writers have so confounded society with government, as to leave little or no distinction between them; whereas they are not only different, but have different origins. Society is produced by our wants, and government by our wickedness; the former promotes our happiness *positively* by uniting our affections, the latter *negatively* by restraining our vices. The one encourages intercourse, the other creates distinctions. The first is a patron, the last a punisher.

Society in every state is a blessing, but government even in its best state is but a necessary evil; in its worst state an intolerable one; for when we suffer, or are exposed to the same miseries *by a government*, which we might expect in a country *without government*, our calamities are heightened by reflecting that we furnish the means by which we suffer. Government, like dress, is the badge of lost innocence; the palaces of kings are built on the ruins of the bowers of paradise. For were the impulses of conscience clear, uniform, and irresistibly obeyed, man would need no other lawgiver; but that not being the case, he finds it necessary to surrender up a part of his property to furnish means for the protection of the rest; and this he is induced to do by the same prudence which in every other case advises him out of two evils to choose the least. *Wherefore,* security being the true design and end of government, it unanswerably follows that whatever *form* thereof appears most likely to ensure it to us, with the least expense and greatest benefit, is preferable to all others.

In order to gain a clear and just idea of the design and end of government, let us suppose a small number of persons settled in some sequestered part of the earth, unconnected with the rest, they will then represent the first peopling of any country, or of the world. In this state of natural liberty, society will be their first thought. A thousand motives will excite them thereto, the strength of one man is so unequal to his wants, and his mind so unfitted for perpetual solitude, that he is soon obliged to seek assistance and relief of another, who in his turn requires the same. Four or five united would be able to raise a tolerable dwelling in the midst of a wilderness, but one man might labour out the common period of life without accomplishing any thing; when he had felled his timber he could not remove it, nor erect it after it was removed; hunger in the mean time would urge him from his work, and evety different want call him a different way. Disease, nay even misfortune would be death, for though neither might be mortal, yet either would disable him from living, and reduce him to a state in which he might rather be said to perish than to die.

Thus necessity, like a gravitating power, would soon form our newly arrived emigrants into society, the reciprocal blessings of which, would supersede, and render the obligations of law and government unnecessary while they remained perfectly just to each other; but as nothing but heaven is impregnable to vice, it will unavoidably happen, that in proportion as they surmount the first difficulties of emigration, which bound them together in a common cause, they will begin to relax in their duty and attachment to each other; and this remissness, will point out the necessity, of establishing some form of government to supply the defect of moral virtue.

Some convenient tree will afford them a State-House, under the branches of which, the whole colony may assemble to deliberate on public matters. It is more than probable that their first laws will have the title only of REGULATIONS, and be enforced by no other penalty than public disesteem. In this first parliament every man, by natural right will have a seat.

But as the colony increases, the public concerns will increase likewise, and the distance at which the members may be separated, will render it too inconvenient for all of them to meet on every occasion as at first, when their number was small, their habitations near, and the public concerns few and trifling. This will point out the convenience of their consenting to leave the legislative part to be managed by a select number chosen from the whole body, who are supposed to have the same concerns at stake which those have who appointed them, and who will act in the same manner as the whole body Would act were they present. If the colony continue increasing, it will become necessary to augment the number of the representatives, and that the interest of every part of the colony may be attended to, it will be found best to divide the whole into convenient parts, each part sending its proper number; and that the *elected* might never form to themselves an interest separate from the *electors*, prudence will point out the propriety of having elections often; because as the *elected* might by that means return and mix again with the general body of the *electors* in a few months, their fidelity to the public will be secured by the prudent reflection of not making a rod for themselves. And as this frequent interchange will establish a common interest with every part of the community, they will mutually and naturally support each other, and on this (not on the unmeaning name of king) depends the *strength of government, and the happiness of the governed*.

Here then is the origin and rise of government; namely, a mode rendered necessary by the inability of moral virtue to govern the world; here too is the design and end of government, viz. freedom and security. And however our eyes may be dazzled with snow, or our ears deceived by sound; however prejudice may warp our wills, or interest darken our understanding, the simple voice of nature and of reason will say, it is right.

I draw my idea of the form of government from a principle in nature, which no art can overturn, viz. that the more simple any thing is, the less liable it is to be disordered, and the easier repaired when disordered; and with this maxim in view, I offer a few remarks on the so much boasted constitution of England. That it was noble for the dark and slavish times in which it was erected is granted. When the world was overrun with tyranny the least remove therefrom was a glorious rescue. But that it is imperfect, subject to convulsions, and incapable of produang what it seems to promise, is easily demonstrated.

Absolute governments (tho' the disgrace of human nature) have this advantage with them, that they are simple; if the people suffer, they know the head from which their suffering springs, know likewise the remedy, and are not bewildered by a variety of causes and cures. But the constitution of England is so exceedingly complex, that the nation may suffer for years together without being able to discover in which part the fault lies, some will say in one and some in another, and every political physician will advise a different mediane.

I know it is difficult to get over local or long standing prejudices, yet if we will suffer ourselves to examine the component parts of the English constitution, we shall find them to be the base remains of two ancient tyrannies, compounded with some new republican materials.

First. —The remains of monarchical tyranny in the person of the king.

Secondly. —The remains of aristocratical tyranny in the persons of the peers.

Thirdly. —The new republican materials, in the persons of the commons, on whose virtue depends the freedom of England.

The two first, by being hereditary, are independent of the people; wherefore in a *constitutional* sense they contribute nothing towards the freedom of the state.

To say that the constitution of England is a *union* of three powers reciprocally *checking* each other, is faracal, either the words have no meaning, or they are flat contradictions.

To say that the commons is a check upon the king, Presupposes two things.

First. —That the king is not to be trusted without being looked after, or in other words, that a thirst for absolute power is the natural disease of monarchy.

Secondly. —That the commons, by being appointed for that purpose, are either wiser or more worthy of confidence than the crown.

But as the same constitution which gives the commons a power to check the king by withholding the supplies, gives afterwards the king a power to check the commons, by empowering him to reject their other bills; it again supposes that the king is wiser than those whom It has already supposed to be wiser than him. A mere absurdity!

There is something exceedingly ridiculous in the composition of monarchy; it first excludes a man from the means of information, yet empowers him to act in cases where the highest judgement is required. The state of a king shuts him from the world, yet the business of a king requires him to know it thoroughly; wherefore the different parts, unnaturally opposing and destroying each other, prove the whole character to be absurd and useless.

Some writers have explained the English constitution thus; the king, say they, is one, the people another; the peers are an house in behalf of the king; the commons in behalf of the people; but this hath all the distinctions of an house divided against itself; and though the expressions be pleasantly arranged, yet when examined they appear idle and ambiguous; and it will always happen, that the nicest construction that words are capable of, when applied to the description of some thing which either cannot exist, or is too incomprehensible to be within the compass of description, will be words of sound only, and though they may amuse the ear, they cannot inform the mind, for this explanation includes a previous question, viz. *How came the king by a power which the people are afraid to trust, and always obliged to check*? Such a power could not be the gift of a wise people, neither can any power, *which needs checking*, be from God; yet the provision, which the constitution makes, supposes such a power to exist.

But the provision is unequal to the task; the means either cannot or will not accomplish the end, and the whole affair is a *felo de se*; for as the greater weight will always carry up the less, and as all the wheels of a machine are put in motion by one, it only remains to know which power in the constitution has the most weight, for that will govern; and though the others, or a part of them, may clog, or, as the phrase is, check the rapidity of its motion, yet so long as they cannot stop it, their endeavours will be ineffectual; the first moving power will at last have its way, and what it wants in speed is supplied by time.

That the crown is this overbearing part in the English constitution needs not be mentioned, and that it derives its whole consequence merely from being the giver of places and pensions is self-evident, wherefore, though we have been wise enough to shut and lock a door against absolute monarchy, we at the same time have been foolish enough to put the crown in possession of the key.

The prejudice of Englishmen, in favour of their own government by king, lords, and commons, arises as much or more from national pride than reason. Individuals are undoubtedly safer in England than in some other countries, but the *will* of the king is as much the *law* of the land in Britain as in France, with this difference, that instead of proceeding directly from his mouth, it is handed to the people under the most formidable shape of an act of parliament. For the fate of Charles the First, hath only made kings more subtle—not more just.

Wherefore, laying aside all national pride and prejudice in favour of modes and forms, the plain truth is, that it is *wholly owing to the constitution of the people, and not to the constitution of the government* that the crown is not as oppressive in England as in Turkey.

An inquiry into the *constitutional errors* in the English form of government is at this time highly necessary; for as we are never in a proper condition of doing justice to others, while we continue under the influence of some leading partiality, so neither are we capable of doing it to ourselves while we remain fettered by any obstinate prejudice. And as a man, who is attached to a prostitute, is unfitted to choose or judge of a wife, so any prepossession in favour of a rotten constitution of government will disable us from discerning a good one.

Of Monarchr and Hereditary Succession

Mankind being originally equals in the order of creation, the equality could only be destroyed by some subsequent circumstance; the distinctions of rich, and poor, may in a great measure be accounted for, and that without having recourse to the harsh, ill-sounding names of oppression and avarice. Oppression is often the *consequence*, but seldom or never the *means* of riches; and though avarice will preserve a man from being necessitously poor, it generally makes him too timorous to be wealthy.

But there is another and greater distinction for which no truly natural or religious reason can be assigned, and that is, the distinction of men into KINGS and SUBJECTS. Male and female are the distinctions of nature, good and bad the distinctions of heaven; but how a race of men came into the world so exalted above the rest, and distinguished like some new species, is worth inquiring into, and whether they are the means of happiness or of misery to mankind.

In the early ages of the world, according to the scripture chronology, there were no kings; the consequence of which was there were no wars; it is the pride of kings which throws mankind into confusion. Holland without a king hath enjoyed more peace for this last century than any of the monarchial governments in Europe. Antiquity favours the same remark;

for the quiet and rural lives of the first patriarchs hath a happy something in them, which vanishes away when we come to the history of Jewish royalty.

Government by kings was first introduced into the world by the Heathens, from whom the children ofIsrael copied the custom. It was the most prosperous invention the Devil ever set on foot for the promotion of idolatry. The Heathens paid divine honours to their deceased kings, and the Christian world hath improved on the plan by doing the same to their living ones. How impious is the title of *sacred majesty* applied to a worm, who in the midst of his splendour is crumbling into dust.

As the exalting one man so greatly above the rest cannot be justified on the equal rights of nature, so neither can it be defended on the authority of scripture; for the will of the Almighty, as declared by Gideon and the prophet Samuel, expressly disapproves of government by kings. All anti-monarchial parts of scripture have been very smoothly glossed over in monarchial governments, but they undoubtedly merit the attention of countries which have their governments yet to form. *'Render unto Caesar the things which are Caesar's'* is the scriptural doctrine of courts, yet it is no support of monarchial government, for the Jews at that time were without a king, and in a state of vassalage to the Romans.

Near three thousand years passed away from the Mosaic account of the creation, till the Jews under a national delusion requested a king. Till then their form of government (except in extraordinary cases, where the Almighty interposed) was a kind of republic administered by a judge and the elders of the tribes. Kings they had none, and it was held sinful to acknowledge any being under that title but the Lords of Hosts. And when a man seriously reflects on the idolatrous homage which is paid to the persons of kings, he need not wonder, that the Almighty, ever jealous of his honour, should disapprove of a form of government which so impiously invades the prerogative of heaven.

Monarchy is ranked in scripture as one of the sins of the Jews, for which a curse in reserve is denounced against them. The history of that transaction is worth attending to.

The children of Israel being oppressed by the Midianites, Gideon marched against them with a small army, and victory, thro' the divine interposition, decided in his favour. The Jews elate with success, and attributing it to the generalship of Gideon, proposed making him a king, saying, *Rule over us, thou and thy son and thy son's son*. Here was temptation in its fullest extent; not a kingdom only, but an hereditary one, but Gideon in the piety of his soul replied, *I will not rule over you, neither shall my son rule over you*, THE LORD SHALL RULE OVER YOU. Words need not be more explicit; Gideon doth not *decline* the honour but denieth their right to give it; neither doth he compliment them with invented declarations of his thanks, but in the positive style of a prophet charges them with disaffection to their proper sovereign, the King of Heaven.

About one hundred and thirty years after this, they fell again into the same error. The hankering which the Jews had for the idolatrous customs of the Heathens is something exceedingly unaccountable; but so it was, that laying hold of the misconduct of Samuel's two sons who were entrusted with some secular concerns, they came in an abrupt and clamorous manner to

Samuel, saying, *Behold thou art old, and thy sons walk not in thy ways, now make us a king to judge us like all the other nations.* And here we can not but observe that their motives were bad viz. that they might be like unto other nations, i.e. the Heathens, whereas their true glory laid in being as much unlike them as possible. *But the thing displeased Samuel when they said, give us a king to judge us; and Samuel prayed unto the Lord, and the Lord said unto Samuel, Heathen unto the voice of the people in all that they say unto thee, for they have not rejected thee, but they have rejected me*, THAT I SHOULD NOT REIGN OVER THEM. *According to all the works which they have done since the day that I brought them up out of Egypt, even unto this day; wherewith they have forsaken me and served other Gods; so do they also unto thee. Now therefore hearken unto their voice, howbeit, protest solemnly unto them and shew them the manner of the king that shall reign over them, i.e.* not of any particular king, but the general manner of the kings of the earth, whom Israel was so eagerly copying after. And notwithstanding the great distance of time and difference of manners, the character is still in fashion, *And Samuel told all the words of the Lord unto the people, that asked of him a king. And he said, This shall be the manner of the king that shall reign over you; he will take your sons and appoint them for himself for his chariots, and to be his horsemen, and some shall run before his chariots* (this description agrees with the present mode of impressing men) *and he will appoint him captains over thousands and captains over fifties, and will set them to ear his ground and to reap his harvest, and to make his instruments of war, and instruments of his chariots; and he will take your daughters to be confectionaries and to be cooks and to be bakers* (this describes the expense and luxury as well as the oppression of kings) *and he will take your fields and your olive yards, even the best of them, and give them to his servants; and he will take the tenth of your seed, and of your vineyards, and give them to his officers and to his servants* (by which we see that bribery, corruption, and favouritism are the standing vices of kings) *and he will take the tenth of your men servants, and your maid servants, and your goodliest young men and your asses, and put them to his work; and he will take the tenth of your sheep, and ye shall be his servants, and ye shall cry out in that day because of your king which ye shall have chosen*, AND THE LORD WILL NOT HEAR YOU IN THAT DAY. This accounts for the continuation of monarchy; neither do the characters of the few good kings which have lived since, either sanctify the title, or blot out the sinfulness of the origin; the high encomium given of David takes no notice of him *officially as a king*, but only as *a man* after God's own heart. *Nevertheless the People refused to obey the voice of Samuel, and they said, Nay, but we will have a king over us, that we may be like all the nations, and that our king may judge us, and go out before us and fight our battles.* Samuel continued to reason with them, but to no purpose; he set before them their ingratitude, but all would not avail; and seeing them fully bent on their folly, he cried out, *I will call unto the Lord, and he shall send thunder and rain* (which then was a punishment, being the time of wheat harvest) *that ye may perceive and see that your wickedness is great which ye have done in the sight of the Lord*, IN ASKING YOU A KING. *So Samuel called unto the Lord, and the Lord sent thunder and rain that day, and all the people greatly feared the Lord and Samuel. And all the people said unto Samuel, Pray for thy servants unto the Lord thy God that we die not, for* WE HAVE ADDED UNTO OUR SINS THIS EVIL, TO ASK A KING. These portions of scripture are direct and positive. They admit of no equivocal construction. That the Almighty hath here entered his protest against monarchial government is true, or the scripture is false. And a man hath good reason to believe that there is as much of king-craft, as priest-craft in withholding the scripture from the public in Popish countries. For monarchy in every instance is the Popery of government.

To the evil of monarchy we have added that of hereditary succession; and as the first is a degradation and lessening of ourselves, so the second, claimed as a matter of right, is an insult and an imposition on posterity. For all men being originally equals, no *one* by *birth* could have a right to set up his own family in perpetual preference to all others for ever, and though himself might deserve *some* decent degree of honours of his contemporaries, yet his descendants might be far too unworthy to inherit them. One of the strongest *natural* proofs of the folly of hereditary right in kings, is, that nature disapproves it, otherwise she would not so frequently turn it into ridicule by giving mankind *an ass for a lion.*

Secondly, as no man at first could possess any other public honours than were bestowed upon him, so the givers of those honours could have no power to give away the right of posterity, and though they might say 'We choose you for *our* head', they could not, without manifest injustice to their children, say 'that your children and your children's children shall reign over *ours* for ever'. Because such an unwise, unjust, unnatural compact might (perhaps) in the next succession put them under the government of a rogue or a fool. Most wise men, in their private sentiments, have ever treated hereditary right with contempt; yet it is one of those evils, which when once established is not easily removed; many submit from fear, others from superstition, and the more powerful part shares with the king the plunder of the rest.

This is supposing the present race of the kings in the world to have had an honourable origin; whereas it is more than probable, that could we take off the dark covering of antiquity, and trace them to their first rise, that we should find the first of them nothing better than the principal ruffian of some restless gang, whose savage manners or pre-eminence in subtlety obtained him the title of chief among plunderers; and who by increasing in power, and extending his depredations, over-awed the quiet and defenceless to purchase their safety by frequent contributions. Yet his electors could have no idea of giving hereditary right to his descendants, because such a perpetual exclusion of themselves was incompatible with the free and unrestrained principles they professed to live by. Wherefore, hereditary succession in the early ages of monarchy could not take place as a matter of claim, but as something casual or complimental; but as few or no records were extant in those days, and traditionary history stuffed with fables, it was very easy, after the lapse of a few generations, to trump up some sUperstitious tale, conveniently timed, Mahomet like, to cram hereditary right down the throats of the vulgar. Perhaps the disorders which threatened, or seemed to threaten on the decease of a leader and the choice of a new one (for elections among ruffians could not be very orderly) induced many at first to favour hereditary pretensions; by which means it happened, as it hath happened since, that what at first was submitted to as a convenience, was afterwards claimed as a right.

England, since the conquest, hath known some few good monarchs, but groaned beneath a much larger number of bad ones, yet no man in his senses can say that their claim under William the Conqueror is a very honourable one. A French bastard landing with an armed banditti, and establishing himself king of England against the consent of the natives, is in plain terms a very paltry rascally original. It certainly hath no divinity in it. However, it is needless to spend much time in exposing the folly of hereditary right, if there are any so weak as to believe it, let them promiscuously worship the ass and lion, and welcome. I shall neither copy their humility, nor disturb their devotion.

Yet I should be glad to ask how they suppose kings came at first? The question admits but of three answers, viz. either by lot, by election, or by usurpation. If the first king was taken by lot, it establishes a precedent for the next, which excludes hereditary succession. Saul was by lot yet the succession was not hereditary, neither does it appear from that transaction there was any intention it ever should. If the first king of any country was by election, that likewise establishes a precedent for the next; for to say, that the *right* of all future generations is taken away, by the act of the first electors, in their choice not only of a king, but of a family of kings for ever, hath no parallel in or out of scripture but the doctrine of original sin, which supposes the free will of all men lost in Adam; and from such comparison, and it will admit of no other, hereditary succession can derive no glory. For as in Adam all sinned, and as in the first electors all men obeyed; as in the one all mankind were subjected to Satan, and in the other to Sovereignty; as our innocence was lost in the first, and our authority in the last; and as both disable us from reassuming some former state and privilege, it unanswerably follows that original sin and hereditary succession are parallels. Dishonourable rank! Inglorious connection! Yet the most subtle sophist cannot produce a juster simile.

As to usurpation, no man will be so hardy as to defend it; and that William the Conqueror was an usurper is a fact not to be contradicted. The plain truth is, that the antiquity of English monarchy will not bear looking into.

But it is not so much the absurdity as the evil of hereditary succession which concerns mankind. Did it ensure a race of good and wise men it would have the seal of divine authority, but as it opens a door to the *foolish*, the *wicked*, and the *improper*, it hath in it the nature of oppression. Men who look upon themselves born to reign, and others to obey, soon grow insolent; selected from the rest of mankind their minds are early poisoned by importance; and the world they act in differs so materially from the world at large, that they have but little opportunity of knowing its true interests, and when they succeed to the government are frequently the most ignorant and unfit of any throughout the dominions.

Another evil which attends hereditary succession is, that the throne is subject to be possessed by a minor at any age; all which time the regency, acting under the *cover* of a king, have every opportunity and inducement to betray their trust. The same national misfortune happens, when a king worn out with age and infirmity, enters the last stage of human weakness. In both these cases the public becomes a prey to every miscreant, who can tamper successfully with the follies either of age or infancy.

The most plausible plea, which hath ever been offered in favour of hereditary succession, is, that it preserves a nation from civil wars; and were this true, it would be weighty; whereas, it is the most barefaced falsity ever imposed upon mankind. The whole history of England disowns the fact. Thirty kings and two minors have reigned in that distracted kingdom since the conquest, in which time there have been (including the Revolution) no less than eight civil wars and nineteen rebellions. *wherefore* instead of making for peace, it makes against it, and destroys the very foundation it seems to stand on.

The contest for monarchy and succession, between the houses of York and Lancaster, laid England in a scene of blood for many years. Twelve pitched battles, besides skirmishes and sieges, were fought between Henry and Edward. Twice was Henry prisoner to Edward, who in his turn was prisoner to Henry. And so uncertain is the fate of war and the temper of a nation, when nothing but personal matters are the ground of a quarrel, that Henry was taken in triumph from a prison to a palace, and Edward obliged to fly from a palace to a foreign land; yet, as sudden transitions of temper are seldom lasting, Henry in his turn was driven from the throne, and Edward recalled to succeed him. The parliament always following the strongest side.

This contest began in the reign of Henry the Sixth, and was

not entirely extinguished till Henry the Seventh, in whom the families were united. Including a period of 67 years, viz. from 1422 to 1489.

In short, monarchy and succession have laid (not this or that kingdom only) but the world in blood and ashes. 'Tis a form of government which the word of God bears testimony against, and blood will attend it.

If we inquire into the business of a king, we shall find that in some countries they have none; and after sauntering away their lives without pleasure to themselves or advantage to the nation, withdraw from the scene, and leave their successors to tread the same idle round. In absolute monarchies the whole weight of business civil and military, lies on the king; the children of Israel in their request for a king, urged this plea 'that he may judge us, and go out before us and fight our battles'. But in countries where he is neither a judge nor a general, as in E—d, a man would be puzzled to know what is his business.

The nearer any government approaches to a republic the less business there is for a king. It is somewhat difficult to find a proper name for the government of E—. Sir William Meredith calls it a republic; but in its present state it is unworthy of the name, because the corrupt influence of the crown, by having all the places in its disposal, hath so effectually swallowed up the power, and eaten out the virtue of the house of commons (the republican part in the constitution) that the government of England is nearly as monarchical as that of France or Spain. Men fall out with names without understanding them. For it is the republican and not the monarchical part of the constitution of England which Englishmen glory in, viz. the liberty of choosing an house of commons from out of their own body—and it is easy to see that when the republican virtue fails, slavery ensues. Why is the constitution of E—d sickly, but because monarchy hath poisoned the republic, the crown hath engrossed the commons?

In England a k— hath little more to do than to make war and give away places; which in plain terms, is to impoverish the nation and set it together by the ears. A pretty business indeed for a man to be allowed eight hundred thousand sterling a year for, and worshipped into the bargain! Of more worth is one honest man to society, and in the sight of God, than all the crowned ruffians that ever lived.

Thoughts on the Present State of American Affairs

In the following pages I offer nothing more than simple facts, plain arguments, and common sense; and have no other preliminaries to settle with the reader, than that he will divest himself of prejudice and prepossession, and suffer his reason and his feelings to determine for themselves; that he will put *on*, or rather that he will not put *off*, the true character of a man, and generously enlarge his views beyond the present day.

Volumes have been written on the subject of the struggle between England and America. Men of all ranks have embarked in the controversy, from different motives, and with various designs; but all have been ineffectual, and the period of debate is closed. Arms, as the last resource, decide the contest; the appeal was the choice of the king, and the continent hath accepted the challenge.

It hath been reported of the late Mr Pelham (who tho' an able minister was not without his faults) that on his being attacked in the house of commons, on the score, that his measures were only of a temporary kind, replied, *'They will last my time.'* Should a thought so fatal and unmanly possess the colonies in the present contest, the name of ancestors will be remembered by future generations with detestation.

The sun never shined on a cause of greater worth. 'Tis not the affair of a city, a country, a province, or a kingdom, but of a continent—of at least one eighth part of the habitable globe. 'Tis not the concern of a day, a year, or an age; posterity are virtually involved in the contest, and will be more or less affected, even to the end of time, by the proceedings now. Now is the seed time of continental union, faith and honour. The least fracture now will be like a name engraved with the point of a pin on the tender rind of a young oak; the wound will enlarge with the tree, and posterity read it in full grown characters.

By referring the matter from argument to arms, a new era for politics is struck; a new method of thinking hath arisen. All plans, proposals, &c. prior to the nineteenth of April, *i.e.* to the commencement of hostilities, are like the almanacs of the last year; which, though proper then, are superseded and useless now. Whatever was advanced by the advocates on either side of the question then terminated in one and the same point, viz. a union with Great Britain; the only difference between the parties was the method of effecting it; the one proposing force, the other friendship; but it hath so far happened that the first hath failed, and the second hath withdrawn her influence.

As much hath been said of the advantages of reconcili ation, which, like an agreeable dream, hath passed away and left us as we were, it is but right, that we should examine the contrary side of the argument, and inquire into some of the many material injuries which these colonies sustain, and always will sustain, by being connected with, and dependent on Great Britain. To examine that connection and dependence, on the principles of nature and common sense, to see what we have to trust to, if separated, and what we are to expect, if dependent.

I have heard it asserted by some, that as America hath

flourished under her former connection with Great Britain, that the same connection is necessary towards her future happiness, and will always have the same effect. Nothing can be more fallacious than this kind of argument. We may as well assert, that because a child has thrived upon milk, that it is never to have meat; or that the first twenty years of our lives is to become a precedent for the next twenty. But even this is admitting more than is true, for I answer roundly, that America would have flourished as much, and probably much more, had no European power had any thing to do with her. The commerce by which she hath enriched herself are the necessaries of life, and will always have a market while eating is the custom of Europe.

But she has protected us, say some. That she hath engrossed us is true, and defended the continent at our expense as well as her own is admitted, and she would have defended Turkey from the same motive, viz. the sake of trade and dominion.

Alas, we have been long led away by ancient prejudices, and made large sacrifices to superstition. We have boasted the protection of Great Britain, without considering, that her motive was *interest* not *attachment*; that she did not protect us trom *our enemies* on *our account*, but from *her enemies* on *her own account*, from those who had no quarrel with us on any *other account*, and who will always be our enemies on the *same account*. Let Britain waive her pretensions to the continent, or the continent throw off the dependence, and we should be at peace with France and Spain were they at war with Britain. The miseries of Hanover last war ought to warn us against connections.

It hath lately been asserted in parliament, that the colonies have no relation to each other but through the parent country, *i.e.* that Pennsylvania and the Jerseys, and so on for the rest, are sister colonies by the way of England; this is certainly a very roundabout way of proving relationship, but it is the nearest and only true way of proving enemyship, if I may so call it. France and Spain never were, nor perhaps ever will be our enemies as *Americans*, but as our being the *subjects of Great Britain*.

But Britain is the parent country, say some. Then the more shame upon her conduct. Even brutes do not devour their young, nor savages make war upon their families; wherefore the assertion, if true, turns to her reproach; but it happens not to be true, or only partly so, and the phrase *parent* or *mother country* hath been Jesuitically adopted by the—and his parasites, with a low papistical design of gaining an unfair bias on the credulous weakness of our minds. Europe, and not England, is the parent country of America. This new world hath been the asylum for the persecuted lovers of civil and religious liberty from *every part* of Europe. Hither have they fled, not from the tender embraces of the mother, but from the cruelty of the monster; and it is so far true of England, that the same tyranny which drove the first emigrants from home, pursues their descendants still.

In this extensive quarter of the globe, we forget the narrow limits of three hundred and sixty miles (the extent of England) and carry our friendship on a larger scale; we claim brotherhood with every European Christian, and triumph in the generosity of the sentiment.

It is pleasant to observe by what regular gradations we surmount the force of local prejudice, as we enlarge our acquaintance with the world. A man born in any town in England divided into parishes, will naturally associate most with his fellow parishioners (because their interests in many cases will be common) and distinguish him by the name of *neighbour*; if he meet him but a few miles from home, he drops the narrow idea of a street, and salutes him by the name of *townsman*; if he travels out of the county, and meet him in any other, he forgets the minor divisions of street and town, and calls him *countryman*, *i.e. countyman*; but if in their foreign excursions they should associate in France or any other part of *Europe*, their local remembrance would be enlarged into that of *Englishmen*. And by a just parity of reasoning, all Europeans meeting in America, or any other quarter of the globe, are *countrymen*; for England, Holland, Germany, or Sweden, when compared with the whole, stand in the same places on the larger scale, which the divisions of street, town, and county do on the smaller ones; distinctions too limited for continental minds. Not one third of the inhabitants, even of this province, are of English descent. Wherefore I reprobate the phrase of parent or mother country applied to England only, as being false, selfish, narrow and ungenerous.

But admitting that we were all of English descent, what does it amount to? Nothing. Britain, being now an open enemy, extinguishes every other name and title: And to say that reconciliation is our duty, is truly farcical. The first king of England, of the present line (William the Conqueror) was a Frenchman, and half the peers of England are descendants from the same country; wherefore by the same method of reasoning, England ought to be governed by France.

Much hath been said of the united strength of Britain and

the colonies, that in conjunction they might bid defiance to the world. But this is mere presumption; the fate of war is uncertain, neither do the expressions mean any thing; for this continent would never suffer itself to be drained of inhabitants to support the British arms in either Asia, Africa, or Europe.

Besides, what have we to do with setting the world at defiance? Our plan is commerce, and that, well attended to, will secure us the peace and friendship of all Europe; because it is the interest of all Europe to have America a *free port*. Her trade will always be a protection, and her barrenness of gold and silver secure her from invaders.

I challenge the warmest advocate for reconciliation, to shew, a single advantage that this continent can reap, by being connected with Great Britain. I repeat the challenge, not a single advantage is derived. Our corn will fetch its price in any market in Europe, and our imported goods must be paid for buy them where we will.

But the injuries and disadvantages we sustain by that connection, are without number; and our duty to mankind at large, as well as to ourselves, instruct us to renounce the alliance: Because, any submission to, or dependence on Great Britain, tends directly to involve this continent in European wars and quarrels; and sets us at variance with nations, who would otherwise seek our friendship, and against whom, we have neither anger nor complaint. As Europe is our market for trade, we ought to form no partial connection with any part of it. It is the true interest of America to steer clear of European contentions, which she never can do, while by her dependence on Britain, she is made the make-weight in the scale of British politics.

Europe is too thickly planted with kingdoms to be long at peace, and whenever a war breaks out between England and any foreign power, the trade of America goes to ruin, *because of her connection with Britain*. The next war may not turn out like the last, and should it not, the advocates for reconciliation now will be wishing for separation then, because, neutrality in that case, would be a safer convoy than a man of war. Every thing hat is right or natural pleads for separation. The blood of the slain, the weeping voice of nature cries, 'TIS TIME TO PART. Even the distance at which the Almighty hath placed England and America, is a strong and natural proof, that the authority of the one, over the other, was never the design of Heaven. The time likewise at which the continent was discovered, adds weight to the argument, and the manner in which it was peopled encreases the force of it. The reformation was preceded by the discovery of America, as if the Almighty graciously meant to open a sanctuary to the persecuted in future years, when home should afford neither friendship nor safety.

The authority of Great Britain over this continent, is a form of government, which sooner or later must have an end: And a serious mind can draw no true pleasure by looking forward, under the painful and positive conviction, that what he calls 'the present constitution' is merely temporary. As parents, we can have no joy, knowing that *this government* is not sufficiently lasting to ensure any thing which we may bequeath to posterity: And by a plain method of argument, as we are runnmg the next generation into debt, we ought to do the work of it, otherwise we use them meanly and pitifully. In order to discover the line of our duty rightly, we should take our children in our hand, and fix our station a few years farther into life; that eminence will present a prospect, which a few present fears and prejudices conceal from our sight.

Though I would carefully avoid giving unnecessary offence, yet I am inclined to believe, that all those who espouse the doctrine of reconciliation, may be included within the following descriptions. Interested men, who are not to be trusted; weak men who *cannot* see; prejudiced men who *will not* see; and a certain set of moderate men, who think better of the European world than it deserves; and this last class by an ill-judged deliberation, will be the cause of more calamities to this continent than all the other three.

It is the good fortune of many to live distant from the scene of sorrow; the evil is not sufficiently brought to *their* doors to make *them* feel the precariousness with which all American property is possessed. But let our imaginations transport us for a few moments to Boston, that seat of wretchedness will teach us wisdom, and instruct us for ever to renounce a power in whom we can have no trust. The inhabitants of that unfortunate city, who but a few months ago were in ease and affluence, have now no other alternative than to stay and starve, or turn out to beg. Endangered by the fire of their friends if they continue within the city, and plundered by the soldiery if they leave it. In their present condition they are prisoners without the hope of redemption, and in a general attack for their relief, they would be exposed to the fury of both armies.

Men of passive tempers look somewhat lightly over the offences of Britain, and, still hoping for the best, are apt to call out, *'Come we shall be friends again for all this.'* But examine the passions and feelings of mankind. Bring the doctrine of reconciliation to the touchstone of nature, and then tell me, whether you can hereafter love, honour, and faithfully serve the power that hath carried fire and sword into your land? If you cannot do all these, then are you only deceiving yourselves, and by your delay bringing ruin upon posterity. Your future connection with Britain, whom you can neither love nor honour, will be forced and unnatural, and being formed only on the plan of present convenience, will in a little time fall into a relapse more wretched than the first. But if you say, you can still pass the violations over, then I ask, Hath your house been burnt? Hath your property been destroyed before your face? Are your wife and children destitute of a bed to lie on, or bread to live on? Have you lost a parent or a child by their hands, and yourself the ruined and wretched survivor? If you have not, then are you not a judge of those who have. But if you have, and can still shake hands with the murderers, then are you unworthy the name of husband, father, friend, or lover, and whatever may be your rank or title in life, you have the heart of a coward, and the spirit of a sycophant.

This is not inflaming or exaggerating matters, but trying them by those feelings and affections which nature justifies, and without which, we should be incapable of discharging the social duties of life, or enjoying the felicities of it. I mean not to exhibit horror for the purpose of provoking revenge, but to awaken us from fatal and unmanly slumbers, that we may pursue determinately some fixed object. It is not in the power of Britain or of Europe to conquer America, if she did not conquer herself by *delay* and *timidity*. The present winter is worth an age if rightly employed, but if lost or neglected, the whole continent will partake of the misfortune; and there is no punishment which that man will not deserve, be he who, or what, or where he will, that may be the means of sacrificing a season so precious and useful.

It is repugnant to reason, to the universal order of things, to all examples from the former ages, to suppose, that this continent can longer remain subject to any external power. The most sanguine in Britain does not think so. The utmost stretch of human wisdom cannot at this time compass a plan short of separation, which can promise the continent even a year's security. Reconciliation is and was a falacious dream. Nature hath deserted the connection, and Art cannot supply her place. For, as Milton wisely expressed, 'Never can true reconcilement grow where wounds of deadly hate have pierced so deep.'

Every quiet method for peace hath been ineffectual. Our prayers have been rejected with disdain; and only tended to convince us, that nothing flatters vanity, or confirms obstinacy in kings more than repeated petitiomng—and nothing hath contributed more than that very measure to make the kings of Europe absolute: Witness Den.mark and Sweden. Wherefore since nothing but blows will do, for God's sake, let us come to a final separation, and not leave the next generation to be cutting throats, under the violated unmeaning names of parent and child.

To say, they will never attempt it again is idle and visionary, we thought so at the repeal of the *stamp-act*, yet a year or two undeceived us; as well may we suppose that nations, which have been once defeated, will never renew the quarrel.

As to government matters, it is not in the power of Britain to do this continent justice: The business of it will soon be too weighty, and intricate, to be managed with any tolerable degree of convenience, by a power, so distant from us, and so very ignorant of us; for if they cannot conquer us, they cannot govern us. To be always running three or four thousand miles with a tale or a petition, waiting four or five months for an answer, which when obtained requires five or six more to explain it in, will in a few years be looked upon as folly and childishness—There was a time when it was proper, and there is a proper time for it to cease.

Small islands not capable of protecting themselves, are the proper objects for kingdoms to take under their care; but there is something very absurd, in supposing a continent to be perpetually governed by an island. In no instance hath nature made the satellite larger than its primary planet, and as England and America, with respect to each other, reverses the common order of nature, it is evident they belong to different systems: England to Europe, America to itself.

I am not induced by motives of pride, party, or resentment to espouse the doctrine of separation and independence; I am clearly, positively, and conscientiously persuaded that it is the true interest of this continent to be so; that every thing short of *that* is mere patchwork, that it can afford no lasting felicity, —that it is *leaving* the sword to our children, and shrinking back at a time, when, a little more, a little farther, would have rendered this continent the glory of the earth.

As Britain hath not manifested the least inclination towards a compromise, we may be assured that no terms can be obtained worthy the acceptance of the continent, or any ways equal to the expense of blood and treasure we have been already put to.

The object contended for, ought always to bear some just proportion to the expense. The removal of N—, or the whole detestable junto, is a matter unworthy the millions we have expended. A temporary stoppage of trade, was an inconvenience, which would have sufficiently balanced the repeal of all the acts complained of, had such repeals been obtained; but if the whole continent must take up arms, if every man must be a soldier, it is scarcely worth our while to fight against a contemptible ministry only. Dearly, dearly, do we pay for the repeal of the acts, if that is all we fight for; for in a just estimation, it is as great a folly to pay a Bunker-hill price for law, as for land. As I have always considered the independency of this continent, as an event, which sooner or later must arrive, so from the late rapid progress of the continent to maturity, the event could not be far off. Wherefore, on the breaking out of hostilities, it was not worth the while to have disputed a matter, which time would have finally redressed, unless we meant to be in earnest; otherwise, it is like wasting an estate on a suit at law, to regulate the trespasses of a tenant, whose lease is just expiring. No man was a warmer wisher for reconciliation than myself, before the fatal nineteenth of April 1775*, but the moment the event of that day was made known, I rejected the hardened, sullen tempered Pharaoh of—for ever; and

---

* Massacre at Lexington. —Paine.

disdain the wretch, that with the pretended title of FATHER OF HIS PEOPLE can unfeelingly hear of their slaughter, and composedly sleep with their blood upon his soul.

But admitting that matters were now made up, what would be the event? I answer, the ruin of the continent. And that for several reasons.

First. The powers of governing still remaining in the hands of the k—, he will have a negative over the whole legislation of this continent. And as he hath shewn himself such an inveterate enemy to liberty, and discovered such a thirst for arbitrary power; is he, or is he not, a proper man to say to these colonies, *'You shall make no laws but what I please.'* And is there any inhabitant in America so ignorant, as not to know, that according to what is called the *present constitution*, that this continent can make no laws but what the king gives leave to; and is there any man so unwise, as not to see, that (considering what has happened) he will suffer no Law to be made here, but such as suit his purpose. We may be as effectually enslaved by the want oflaws in America, as by submitting to laws made for us in England. After matters are made up (as it is called) can there be any doubt but the whole power of the crown will be exerted, to keep this continent as low and humble as possible? Instead of going forward we shall go backward, or be perpetually quarrelling or ridiculously petitioning. —We are already greater than the king wishes us to be, and will he not hereafter endeavour to make us less? To bring the matter to one point. Is the power who is jealous of our prosperity, a proper power to govern us? Whoever says No to this question is an *independent*, for independency means no more, than, whether we shall make our own laws, or, whether the, the greatest enemy this continent hath, or can have, shall tell us *'There shall be no laws but such as I like.'*

But the k— you will say has a negative in England; the people there can make no laws without his consent. In point of right and good order, there is something very ridiculous, that a youth of twenty-one (which hath often happened) shall say to several millions of people, older and wiser than himself, I forbid this or that act of yours to be law. But in this place I decline this sort of reply, tho' I will never cease to expose the absurdity of it, and only answer, that England being the king's residence, and America not so, makes quite another case. The k—' s negative *here* is ten times more dangerous and fatal than it can be in England, for *there* he will scarcely refuse his consent to a bill for putting England into as strong a state of defence as possible, and in America he would never suffer such a bill to be passed.

America is only a secondary object in the system of British politics. England consults the good of *this* country, no farther than it answers her *own* purpose. Wherefore, her own interest leads her to suppress the growth of *ours* in every case which doth not promote her advantage, or in the least interfere with it. A pretty stage we should soon be in under such a second-hand government, considering what has happened! Men do not change from enemies to friends by the alteration of a name: And in order to shew that reconciliation *now* is a dangerous doctrine, I affirm, *that it would be policy in the k— at this time, to repeal the acts for the sake of reinstating himself in the government of the provinces*; in order, that HE MAY ACCOMPLISH BY CRAFT AND SUBTLETY, IN THE LONG RUN, WHAT HE CANNOT

DO BY FORCE AND VIOLENCE IN THE SHORT ONE. Reconciliation and ruin are nearly related.

Secondly, That as even the best terms, which we can expect to obtain, can amount to no more than a temporary expedient, or a kind of government by guardianship, which can last no longer than till the colonies come of age, so the general face and state of things, in the interim, will be unsettled and unpromising. Emigrants of property will not choose to come to a country whose form of government hangs but by a thread, and who is every day tottering on the brink of commotion and disturbance; and numbers of the present inhabitants would lay hold of the interval, to dispose of their effects, and quit the continent.

But the most powerful of all arguments, is, that nothing but independence, i.e. a continental form of government, can keep the peace of the continent and preserve it inviolate from civil wars. I dread the event of a reconciliation with Britain now, as it is more than probable, that it will be followed by a revolt somewhere or other, the consequences of which may be far more fatal than all the malice of Britain.

Thousands are already ruined by British barbarity; (thousands more will probably suffer the same fate). Those men have other feelings than us who have nothing suffered. All they *now* possess is liberty, what they before enjoyed is sacrificed to its service, and having nothing more to lose, they disdain submission. Besides, the general temper of the colonies, towards a British government, will be like that of a youth, who is nearly out of his time, they will care very little about her. And a government which cannot preserve the peace, is no government at all, and in that case we pay our money for nothing; and pray what is it that Britain can do, whose power will be wholly on paper, should a civil tumult break out the very day after reconciliation? I have heard some men say, many of whom I believe spoke without thinking, that they dreaded an independence, fearing that it would produce civil wars. It is but seldom that our first thoughts are truly correct, and that is the case here; for there are ten times more to dread from a patched up connection than from independence. I make the sufferers' case my own, and I protest, that were I driven from house and home, my property destroyed, and my circumstances ruined, that as a man, sensible of injuries, I could never relish the doctrine of reconciliation, or consider myself bound thereby.

The colonies have manifested such a spirit of good order and obedience to continental government, as is sufficient to make every reasonable person easy and happy on that head. No man can assign the least pretence for his fears, on any other grounds, that such as are truly childish and ridiculous, that one colony will be striving for superiority over another.

Where there are no distinctions there can be no superiority, perfect equality affords no temptation. The republics of Europe are all (and we may say always) in peace. Holland and Switzerland are without wars, foreign or domestic: Monarchical governments, it is true, are never long at rest; the crown itself is a temptation to enterprizing ruffians at *home*; and that degree of pride and insolence ever attendant on regal authority, swells into a rupture with foreign powers, in instances, where a republican government, by being formed on more natural principles, would negotiate the mistake.

If there is any true cause of fear respecting independence, it is because no plan is yet laid down. Men do not see their way out—Wherefore, as an opening into that business, I offer the following hints; at the same time modestly affirming, that I have no other opinion of them myself, than that they may be the means of giving rise to something better. Could the straggling thoughts of individuals be collected, they would frequently form materials for wise and able men to improve to useful matter.

LET the assemblies be annual, with a President only. The representation more equal. Their business wholly domestic, and subject to the authority of a Continental Congress.

Let each colony be divided into six, eight, or ten, convenient districts, each district to send a proper number of delegates to Congress, so that each colony send at least thirty. The whole number in Congress will be at least 390. Each Congress to sit and to choose a president by the following method. When the delegates are met, let a colony be taken from the whole thirteen colonies by lot, after which let the whole Congress choose (by ballot) a president from out of the delegates of *that* province. In the next Congress, let a colony be taken by lot from twelve only, omitting that colony from which the president was taken in the former Congress, and so proceeding on till the whole thirteen shall have had their proper rotation. And in order that nothing may pass into a law but what is satisfactorily just, not less than three fifths of the Congress to be called a majority. —He that will promote discord, under a government so equally formed as this, would join Lucifer in his revolt.

But as there is a peculiar delicacy, from whom, or in what manner, this business must first arise, and as it seems most agreeable and consistent, that it should come from some intermediate body between the governed and the governors, that is between the Congress and the people, let a CONTINENTAL CONFERENCE be held, in the following manner, and for the following purpose.

A committee of twenty-six members of Congress, viz. two for each colony. Two members for each house of assembly, or Provincial convention; and five representatives of the people at large, to be chosen in the capital city or town of each province, for, and in behalf of the whole province, by as many qualified voters as shall think proper to attend from all parts of the province for that purpose; or, if more convenient, the representatives may be chosen in two or three of the most populous parts thereof. In this conference, thus assembled, will be united, the two grand principles of business, *knowledge* and *power*. The members of Congress, Assemblies, or Conventions, by having had experience in national concerns, will be able and useful counsellors, and the whole, being empowered by the people will have a truly legal authority.

The conferring members being met, let their business be to frame a CONTINENTAL CHARTER, or Charter of the United Colonies; (answering to what is called the Magna Charta of England) fixing the number and manner of choosing members of Congress, members of Assembly, with their date of sitting, and drawing the line of business and jurisdiction between them: (Always remembering, that our strength is continental, not provincial:) Securing freedom and property to all men, and above all things the free exercise of religion, according to the dictates of conscience; with such other matter as is necessary for a charter to contain. Immediately after which, the said conference to dissolve, and the bodies which shall be chosen conformable to the said charter, to be the legislators and governors of this continent and for the time being: Whose peace and happiness, may God preserve, Amen.

Should any body of men be hereafter delegated for this or some similar purpose, I offer them the following extracts from that wise observer on governments *Dragonetti*. 'The science', says he, 'of the politician consists in fixing the true point of happiness and freedom. Those men would deserve the gratitude of ages, who should discover a mode of government that contained the greatest sum of individual happiness, with the least national expense.' —Dragonetti on Virtue and Rewards.

But where says some is the King of America? I'll tell you Friend, he reigns above, and doth not make havoc of mankind like the Royal— of Britain. Yet that we may not appear to be defective even in earthly honours, let a day be solemnly set apart for proclaiming the charter let it be brought forth placed on the divine law, the word of God; let a crown be placed thereon, by which the world may know, that so far as we approve of monarchy, that in America THE LAW IS KING. For as in absolute governments the King is law, so in free countries the law *ought* to be King; and there ought to be no other. But lest any ill use should afterwards arise, let the crown at the conclusion of the ceremony be demolished, and scattered among the people whose right it is.

A government of our own is our natural right: And when a man seriously reflects on the precariousness of human affairs, he will become convinced, that it is infinitely wiser and safer, to form a constitution of our own in a cool deliberate manner, while we have it in our power, than to trust such an interesting event to time and chance. If we omit it now, some Massenello* may hereafter arise, who laying hold of popular disquietudes, may collect together the desperate and the discontented, and by assuming to themselves the powers of government, may sweep away the liberties of the continent like a deluge. Should the government of America return again into the hands of Britain, the tottering situation of things, will be a temptation for some desperate adventurer to try his fortune; and in such a case, what relief can Britain give? Ere she could hear the news the fatal business might be done, and ourselves suffering like the wretched Britons under the oppression of the Conqueror. Ye that oppose independence now, ye know not what ye do; ye are opening a door to eternal tyranny, by keeping vacant the seat of government. There are thousands and tens of thousands, who would think it glorious to expel from the continent, that barbarous and hellish power, which hath stirred up the Indians and Negroes to destroy us; the cruelty hath a double guilt, it is dealing brutally by us, and treacherously by them.

To talk of friendship with those in whom our reason forbids us to have faith, and our affections wounded through a thousand pores instruct us to detest, is madness and folly. Every day wears out the little remains of kindred between us and them, and can there be any reason to hope, that as the relationship

---

* Thomas Anello, otherwise Massenello, a fisherman of Naples, who after spiriting up his countrymen in the public market place, against the oppression of the Spaniards, to whom the place was then subject, prompted them to revolt, and in the space of a day became King. —Paine.

expires, the affection will increase, or that we shall agree better, when we have ten times more and greater concerns to quarrel over than ever?

Ye that tell us of harmony and reconciliation, can ye restore to us the time that is past? Can ye give to prostitution its former innocence? Neither can ye reconcile Britain and America. The last cord now is broken, the people of England are presenting addresses against us. There are injuries which nature cannot forgive; she would cease to be nature if she did. As well can the lover forgive the ravisher of his mistress, as the continent forgive the murders of Britain. The Almighty hath implanted in us these unextinguishable feelings for good and wise purposes. They are the guardians of his image in our hearts. They distinguish us from the herd of common animals. The social compact would dissolve, and justice be extirpated from the earth, or have only a casual existence were we callous to the touches of affection. The robber and the murderer, would often escape unpunished, did not the injuries which our tempers sustain, provoke usinto justice.

O ye that love mankind! Ye that dare oppose, not only the tyranny, but the tyrant, stand forth! Every spot of the old world is over-run with oppression. Freedom hath been hunted round the globe. Asia, and Africa, have long expelled her. —Europe regards her like a stranger, and England hath given her warning to depart. O! receive the fugitive, and prepare in time an asylum for mankind.

On the Present Ability of America, with some Miscellaneous Reflections

I have never met with a man, either in England or America, who hath not confessed his opinion, that a separation between the countries, would take place one time or other. And there is no instance in which we have shewn less judgement, than in endeavouring to describe, what we call, the ripeness or fitness of the Continent for independence.

As all men allow the measure, and vary only in their opinion of the time, let us, in order to remove mistakes, take a general survey of things and endeavour if possible, to find out the *very* time. But we need not go far, the inquiry ceases at once, for the *time hath found us*. The general concurrence, the glorious union of all things prove the fact.

It is not in numbers but in unity, that our great strength lies; yet our present numbers are sufficient to repel the force of all the world. The Continent hath, at this time, the largest body of armed and disciplined men of any power under Heaven; and is just arrived at that pitch of strength, in which no single colony is able to support itself, and the whole, when united can accomplish the matter, and either more, or, less than this, might be fatal in its effects. Our land force is already sufficient, and as to naval affairs, we cannot be insensible, that Britain would never suffer an American man of war to be built while the continent remained in her hands. Wherefore we should be no forwarder an hundred years hence in that branch, than we are now; but the truth is, we should be less so, because the timber of the country is every day diminishing, and that which will remain at last, will be far off and difficult to procure.

Were the continent crowded with inhabitants, her sufferings under the present circumstances would be intolerable. The more sea port towns we had, the more should we have both to defend and to lose. Our present numbers are so happily proportioned to our wants, that no man need be idle. The diminution of trade affords an army, and the necessities of an army create a new trade.

Debts we have none; and whatever we may contract On this account will serve as a glorious memento of our virtue. Can we but leave posterity with a settled form of government, an independent constitution of its own, the purchase at any price will be cheap. But to expend millions for the sake of getting a few vile acts repealed, and routing the present ministry only, is unworthy the charge, and is using posterity with the utmost cruelty; because it is leaving them the great work to do, and a debt upon their backs, from which they derive no advantage. Such a thought is unworthy a man of honour, and is the true characteristic of a narrow heart and a peddling politician.

The debt we may contract doth not deserve our regard if the work be but accomplished. No nation ought to be without a debt. A national debt is a national bond; and when it bears no interest, is in no case a grievance. Britain is oppressed with a debt of upwards of one hundred and forty millions sterling, for which she pays upwards of four millions interest. And as a compensation for her debt, she has a large navy; America is without a debt, and without a navy; yet for the twentieth part of the English national debt, could have a navy as large again. The navy of England is not worth, at this time, more than three millions and a half sterling.

The first and second editions of this pamphlet were published without the following calculations, which are now given as a proof that the above estimation of the navy is a just one. *See Entic's naval history*, intra. page 56.

The charge of building a ship of each rate, and furnishing her with masts, yards, sails and rigging, together with a proportion of eight months boatswain's and carpenter's sea-stores, as calculated by Mr Burchett, Secretary to the navy.

	£
For a ship of 100 guns	35,553
90	29,886
80	23,638
70	17,785
60	14,197
50	10,606
40	7,558
30	5,846
20	3,710

And from hence it is easy to sum up the value, or cost rather, of the whole British navy, which in the year 1757, when it was at its greatest glory consisted of the following ships and guns:

Ships	Guns	Cost of one	Cost of all
6	100	35,553l.	213,318l.
12	90	29,886	358,632
12	80	23,638	283,656

43	70	17,785	746,755
35	60	14,197	496,895
40	50	10,606	424,240
45	40	7,558	340,110
58	20	3,710	215,180

85	Sloops,bombs,		
	and fireships,one	2,000	170,000
	with another,at		

Cost 3,266,786

Remains for guns   233,214

Total 3,500,000

No country on the globe is so happily situated, so internally capable of raising a fleet as America. Tar, timber, iron, and cordage are her natural produce. We need go abroad for nothing. Whereas the Dutch, who make large profits by hiring out their ships of war to the Spaniards and Portuguese, are obliged to import most of the materials they use. We ought to view the building of a fleet as an article of commerce, it being the natural manufactory of this country. It is the best money we can layout. A navy when finished is worth more than it cost. And is that nice point in national policy, in which commerce and protection are united. Let us build; if we want them not, we can sell; and by that means replace our paper currency with ready gold and silver.

In point of manning a fleet, people in general run into great errors; it is not necessary that one-fourth part should be sailors. The Terrible privateer, Captain Death, stood the hottest engagement of any ship last war, yet had not twenty sailors on board, though her complement of men was upwards of two hundred. A few able and social sailors will soon instruct a sufficient number of active land-men in the common work of a ship. Wherefore, we never can be more capable to begin on maritime matters than now, while our timber is standing, our fisheries blocked up, and our sailors and shipwrights out of employ. Men of war of seventy and eighty guns were built forty years ago in New England, and why not the same now? Ship-building is America's greatest pride, and in which, she will in time excel the whole world. The great empires of the east are mostly inland, and consequently excluded from the possibility of rivalling her. Africa is in a state of barbarism; and no power in Europe, hath either such an extent or coast, or such an internal supply of materials. Where nature hath given the one, she has withheld the other; to America only hath she been liberal of both. The vast empire of Russia is almost shut out from the sea; wherefore, her boundless forests, her tar, iron, and cordage are only articles of commerce.

In point of safety, ought we to be without a fleet? We are not the little people now, which we were sixty years ago; at that time we might have trusted our property in the streets, or fields rather; and slept securely without locks or bolts to our doors or windows. The case now is altered, and our methods of defence ought to improve with our increase of property. A common pirate, twelve months ago, might have come up the Delaware, and laid the city of Philadelphia under instant contribution, for what sum he pleased; and the same might have happened to other places. Nay, any daring fellow, in a brig of fourteen or sixteen guns, might have robbed the whole Continent, and carried off half a million of money. These are circumstances which demand our attention, and point out the necessity of naval protection.

Some, perhaps, will say, that after we have made it up with Britain, she will protect us. Can we be so unwise as to mean, that she shall keep a navy in our harbours for that purpose? Common sense will tell us, that the power which hath endeavoured to subdue us, is of all others the most improper to defend us. Conquest may be effected under the pretence of friendship; and ourselves, after a long and brave resistance, be at last cheated into slavery. And if her ships are not to be admitted into our harbours, I would ask, how is she to protect us? A navy three or four thousand miles off can be of little use, and on sudden emergencies, none at all. Wherefore, if we must hereafter protect ourselves, why not do it for ourselves? Why do it for another.

The English list of ships of war is long and formidable, but not a tenth part of them are at any time fit for service, numbers of them not in being; yet their names are pompously continued in the list, if only a plank be left of the ship: and not a fifth part, of such as are fit for service, can be spared on anyone station at one time. The East, and West Indies, Mediterranean, Africa, and other parts over which Britain extends her claim, make large demands upon her navy. From a mixture of prejudice and inattention, we have contracted a false notion respecting the navy of England, and have talked as if we should have the whole of it to encounter at once, and for that reason, supposed that we must have one as large; which not being instantly practicable, have been made use of by a set of disguised Tories to discourage our beginning thereon. Nothing can be farther from truth than this; for if America had only a twentieth part of the naval force of Britain, she would be by far an over match for her; because, as we neither have, nor claim any foreign dominion, our whole force would be employed on our own coast, where we should, in the long run, have two to one the advantage of those who had three or four thousand miles to sail over, before they could attack us, and the same distance to return in order to refit and recruit. And although Britain by her fleet, hath a check over our trade to Europe, we have as large a one over her trade to the West Indies, which, by laying in the neighbourhood of the Continent, is entirely at its mercy.

Some method might be fallen on to keep up a naval force in time of peace, if we should not judge it necessary to support a constant navy. If premiums were to be given to merchants, to build and employ in their service, ships mounted with twenty, thirty, forty, or fifry guns, (the premiums to be in proportion to the loss of bulk to the merchants) fifry or sixty of those ships, with a few guard ships on constant duty, would keep up a sufficient navy, and that without burdening ourselves with the evil so loudly complained of in England, of suffering their fleet, in time of peace to lie rotting in the docks. To unite the sinews of commerce and defence is sound policy; for when our strength and our riches, play into each other's hand, we need fear no external enemy.

In almost every article of defence we abound. Hemp flourishes even to rankness, so that we need not want cordage. Our iron is superior to that of other countries. Our small arms equal to any in the world. Cannon we can cast at pleasure. Saltpetre and gunpowder we are every day producing. Our knowledge is hourly improving. Resolution is our inherent character, and courage hath never yet for saken us. Wherefore, what is it that we want? Why is it that we hesitate? From Britain we can expect nothing but ruin. If she is once admitted to the government of America again, this Continent will not be worth living in. Jealousies will be always arising; insurrections will be constantly happening; and who will go forth to quell them? Who will venture his life to reduce his own countrymen to a foreign obedience? The difference between Pennsylvania and Connecticut, respecting some unlocated lands, shews the insignificance of a B-sh government, and fully proves, that nothing but Continental authority can regulate Continental matters.

Another reason why the present time is preferable to all others, is, that the fewer our numbers are, the more land there is yet unoccupied, which instead of being lavished by the k—on his worthless dependants, may be hereafter applied, not only to the discharge of the present debt, but to the constant support of government. No nation uqder heaven hath such an advantage as this.

The infant state of the Colonies, as it is called, so far from being against, is an argument in favour of independence. Weare sufficiently numerous, and were we more so, we might be less united. It is a matter worthy of observation, that the more a country is peopled, the smaller their armies are. In military numbers, the ancients far exceeded the moderns: and the reason is evident, for trade being the consequence of population, men become too much absorbed thereby to attend to any thing else. Commerce diminishes the spirit, both of patriotism and military defence. And history sufficiently informs us, that the bravest achievements were always accomplished in the nonage ofa nation. With the increase of commerce, England hath lost its spirit. The city of London, notwithstanding its numbers, submits to continued insults with the patience of a coward. The more men have to lose, the less willing are they to venture. The rich are in general slaves to fear, and submit to courtly power with the trembling duplicity of a spaniel.

Youth is the seed time of good habits, as well in nations as in individuals. It might be difficult, if not impossible, to form the Continent into one government half a century hence. The vast variety of interests, occasioned by an increase of trade and population, would create confusion. Colony would be against colony. Each being able might scorn each other's assistance: and while the proud and foolish gloried in their little distinctions, the wise would lament that the union had not been formed before. Wherefore, the *present time* is the *true time* for establishing it. The intimacy which is contracted in infancy, and the friendship which is formed in misfortune, are, of all others, the most lasting and unalterable. Our present union is marked with both these characters: we are young, and we have been distressed; but our concord hath withstood our troubles, and fixes a memorable era for posterity to glory in.

The present time, likewise, is that peculiar time, which never happens to a nation but once, *viz.* the time of forming itself into a government. Most nations have let slip the opportunity, and by that means have been compelled to receive laws from their conquerors, instead of making laws for themselves. First, they had a king, and then a form of government; whereas, the articles or charter of government, should be formed first, and men delegated to execute them afterwards: but from the errors of other nations, let us learn wisdom, and lay hold of the present opportunity—*To begin government at the right end*.

When William the Conqueror subdued England he gave them law at the point of the sword; and until we consent that the seat of govemment in America, be legally and authoritatively occupied, we shall be in danger of having it filled by some fortunate ruffian, who may treat us in the same manner, and then, where will be our freedom? where our property?

As to religion, I hold it to be the indispensable duty of all government, to protect all conscientious professors thereof, and I know of no other business which government hath to do therewith. Let a man throw aside that narrowness of soul, that selfishness of principle, which the niggards of all professions are so unwilling to part with, and he will be at once delivered of his fears on that head. Suspicion is the companion of mean souls, and the bane of all good society. For myself I fully and conscientiously believe, that it is the will of the Almighty, that there should be diversity of religious opinions among us: It affords a larger field of our christian kindness. Were we all of one way of thinking, our religious dispositions would want matter for probation; and on this liberal principle, I look on the various denominations among us, to be like children of the same family, differing only, in what is called their Christian names.

In page fifty-four,* I threw out a few thoughts on the propriety of a Continental Charter, (for I only presume to offer hints not plans) and in this place, I take the liberty of rementioning the subject, by observing, that a charter is to be understood as a bond of solemn obligation, which the whole enters into, to support the right of every separate part, whether of religion, personal freedom, or property. A firm bargain and a right reckoning make long friends.

In a former page I likewise mentioned the necessity of a large and equal representation; and there is no political matter which more deserves our attention. A small number of electors,

---

* Page 43 in this edition. —Editors.

or a small number of representatives, are equally dangerous. But if the number of the representatives be not only small, but unequal, the danger is increased. As an instance of this, I mention the following; when the Associators petition was before the House of Assembly of Pennsylvania; twenty-eight members only were present, all the Bucks county members, being eight, voted against it, and had seven of the Chester members done the same, this whole province had been governed by two counties only, and this danger it is always exposed to. The unwarrantable stretch likewise, which that House made in their last sitting, to gain an undue authority over the Delegates of that province, ought to warn the people at large, how they trust power out of their own hands. A set of instructions for the Delegates were put together, which in point of sense and business would have dishonoured a school-boy, and after being approved by a *few*, a *very few* without doors, Were carried into the House, and there passed *in behalf of the whole colony*; whereas, did the whole colony know, With what ill-will that House hath entered on some necessary public measures, they would not hesitate a moment to think them unworthy of such a trust.

Immediate necessity makes many things convenient which if continued would grow into oppressions. Expedience and right are different things. When the calamities of America required a consultation, there was no method so ready, or at that time so proper, as to appoint persons from the several Houses of Assembly for that purpose and the wisdom with which they have proceeded hath preserved this continent from ruin. But as it is more than probable that we shall never be without a CONGRESS, every well wisher to good order, must own, that the mode for choosing members of that body, deserves consideration. And I put it as a question to those, who make a study of mankind, whether *representation and election* is not too great a power for one and the same body of men to possess? When we are planning for posterity, we ought to remember that virtue is not hereditary.

It is from our enemies that we often gain excellent maxims, and are frequently surprised into reason by their mistakes. Mr Cornwall (one of the Lords of the Treasury) treated the petition of the New York Assembly with contempt, because *that* House, he said, consisted but of twenty-six members, which trifling number, he argued, could not with decency be put for the whole. We thank him for his involuntary honesty. *

To CONCLUDE, however strange it may appear to some, or however unwilling they may be to think so, matters not, but many strong and striking reasons may be given, to shew, that nothing can settle our affairs so expeditiously as an open and determined declaration for independence. Some of which are,

First. —It is the custom of nations, when any two are at war, for some other powers, not engaged in the quarrel, to step in as mediators, and bring about the preliminaries of a peace: but while America calls herself the subject of Great Britain, no power, however well disposed she may be, can offer her mediation. Wherefore, in our present state we may quarrel on for ever.

Secondly. —It is unreasonable to suppose, that France or Spain will give us any kind of assistance, if we mean only to make use of that assistance for the purpose of repairing the breach, and strengthening the connection between Britain and America;

---

* Those who would fully understand of what great consequence a large and equal representation is to a state, should read Burgh's political Disquisitions. —Paine.

because, those powers would be sufferers by the consequences.

Thirdly. —While we profess ourselves the subjects of Britain, we must, in the eye of foreign nations, be considered as rebels. The precedent is somewhat dangerous to their peace, for men to be in arms under the name of subjects; we on the spot, can solve the paradox: but to unite resistance and subjection, requires an idea much too refined for common understanding.

Fourthly. —Were a manifesto to be published, and dispatched to foreign courts, setting forth the miseries We have endured, and the peaceable methods we have ineffectually used for redress; declaring, at the same time, that not being able, any longer to live happily or safely under the cruel disposition of the B-sh court, we had been driven to the necessity of breaking off all connection With her; at the same time assuring all such courts of our peaceable disposition towards them, and of our desire of entering into trade with them: Such a memorial would produce more good effects to this Continent, than if a ship were freighted with petition to Britain.

Under our present denomination of British subjects we can neither be received nor heard abroad: The custom of all courts is against us, and will be so, until, by an independence, we take rank with other nations.

These proceedings may at first appear strange and difficult; but, like all other steps which we have already passed over, will in a little time become familiar and agreeable; and, until an independence is declared, the Continent will feel itself like a man who continues putting off some unpleasant business from day to day, yet knows it must be done, hates to set about it, wishes it over, and is continually haunted with the thoughts of its necessity.

Appendix

Since the publication of the first edition of this pamphlet, or rather, on the same day on which it came out, the —'S Speech made its appearance in this city. Had the spirit of prophecy directed the birth of this production, it could not have brought it forth, at a more seasonable juncture, or a more necessary time. The bloody mindedness of the one, shew the necessity of pursuing the doctrine of the other. Men read by way of revenge. And the speech instead of terrifying, prepared a way for the manly principles of independence.

Ceremony, and even, silence, from whatever motive they may arise, have a hurtful tendency, when they give the least degree of countenance to base and wicked performances; wherefore, if this maxim be admitted, it naturally follows, that the – 's Speech, as being a piece of finished villainy, deserved, and still deserves, a general execration both by the Congress and the people. Yet as the domestic tranquillity of a nation, depends greatly on the chastity of what may properly be called NATIONAL MATTERS, it is often better, to pass some things over in silent disdain, than to make use of such new methods of dislike, as might introduce the least innovation, on that guardian of our peace and safety. And perhaps, it is chiefly owing to this prudent delicacy, that the—'s Speech, hath not before now, suffered a public execution. The speech if it may be called one, is nothing better than a wilful audacious libel against the truth, the common good, and the existence of mankind; and is a formal and pompous method of offering up human sacrifices to the pride of tyrants. But this general massacre of mankind, is one of the privileges, and the certain consequences of K—, s; for as nature knows them *not*, they know *not her*, and although they are beings of our *own* creating, they know not us, and are become the gods of their creators. The speech hath one good quality, which is, that it is not calculated to deceive, neither can we, even if we would, be deceived by it. Brutality and tyranny appear on the face of it. It leaves us at no los's: And every line convinces, even in the moment of reading, that He, who hunts the woods for prey, the naked and untutored Indian, is less a Savage than the – of B—.

Sir J-n D-e, the putative father of a whining Jesuitical piece, fallaciously called, *'The Address of the people of* ENGLAND *to the inhabitants of* AMERICA', hath, perhaps from a vain supposition, that the people here were to be frightened at the pomp and description of a king, given, (though very unwisely on his part) the real character of the present one: 'But,' says this writer, 'if you are inclined to pay compliments to an administration, which we do not complain of,' (meaning the Marquis of Rockingham's at the repeal of the Stamp Act) 'it is very unfair in you to withhold them from that prince, *by whose* NOD ALONE *they were permitted to do anything*.' This is Toryism with a witness! Here is idolatry even without a mask: And he who can calmly hear, and digest such doctrine, hath forfeited his claim to rationality—an apostate from the order of manhood; and ought to be considered—as one, who hath, not only given up the proper dignity of a man, but sunk himself beneath the rank of animals, and contemptibly crawl through the world like a worm.

However, it matters very little now, what the—of E—either says or does; he hath wickedly broken through every moral and human obligation, trampled nature and conscience beneath his feet; and by a steady and constitutional spirit of insolence and cruelty, procured for himself an universal hatred. It is *now* the interest of America to provide for herself. She hath already a large and young family, whom it is more her duty to take care of, than to be granting away her property, to support a power who is become a reproach to the names of men and Christians—YE, whose office it is to watch over the morals of a nation, of whatsoever sect or denomination ye are of, as well as ye, who are more immediately the guardians of the public liberty, if ye wish to preserve your native country uncontaminated by European corruption, ye must in secret wish a separation—But leaving the moral part to private reflection, I shall chiefly confine my farther remarks to the following heads.

First. That it is the interest of America to be separated from Britain.

Secondly. Which is the easiest and most practicable plan, RECONCILIATION OR INDEPENDENCE? with some occasional remarks.

In support of the first, I could, if I judged it proper, produce the opinion of some of the ablest and most experienced men on this continent; and whose sentiments, on that head, are not yet publicly known. It is in reality a self-evident position: For no nation in a state of foreign dependence, limited in its commerce, and cramped and fettered in its legislative powers, can ever arrive at any material eminence. America doth not yet know what opulence is; and although the progress which she hath made stands unparalleled in the history of other nations, it is but childhood, compared with what she would be capable of arriving at, had she, as she ought to have, the legislative powers in her own hands. England is, at this time, proudly coveting what would do her no good, were she to accomplish it; and the Continent hesitating on a matter, which will be her final ruin if neglected. It is the commerce and not the conquest of America, by which England is to be benefited, and that would in a great measure continue, were the countries as independent of each other as France and Spain; because in many articles, neither can go to a better market. But it is the independence of this country on Britain or any other, which is now the main and only object worthy of contention, and which, like all other truths discovered by necessity, will appear clearer and stronger every day.

First. Because it will come to that one time or other.

Secondly. Because the longer it is delayed the harder it will be to accomplish.

I have frequently amused myself both in public and private companies, with silently remarking the spacious errors of those who speak without reflecting. And among the many which I have heard, the following seems the most general, viz. that had this rupture happened forty or fifty years hence, instead of *now*, the Continent would have been more able to have shaken off the dependence. To which I reply, that our military ability *at this time*, arises from the experience gained in the last war, and which in forty or fifty years time, would have been totally extinct. The Continent, would not, by that time, have had a General, or even a military officer left; and we, or those who may succeed us, would have been as ignorant of martial matters as the ancient Indians: And this single position, closely attended to, will unanswerably prove, that the present time is preferable to all others: The argument turns thus—at the conclusion of the last war, we had experience, but wanted numbers; and forty or fifty years hence, we should have numbers, without experience; wherefore, the proper point of time, must be some particular point between the two extremes, in which a sufficiency of the former remains, and a proper increase of the latter is obtained: And that point of time is the present time.

The reader will pardon this digression, as it does not properly come under the head I first set out with, and to which I again return by the following position, viz.

Should affairs be patched up with Britain, and she to remain the governing and sovereign power of America, (which as matters are now circumstanced, is giving up the point entirely) we shall deprive ourselves of the very means of sinking the debt we have or may contract. The value of the back lands which some of the provinces are clandestinely deprived of, by the unjust extension of the limits of Canada, valued only at five pounds sterling per hundred acres, amount to upwards of twenty-five millions, Pennsylvania currency; and the quit-rents at one penny sterling per acre, to two millions yearly.

It is by the sale of those lands that the debt may be sunk, without burthen to any, and the quit-rent reserved thereon, will always lessen, and in time, will wholly support the yearly expense of government. It matters not how long the debt is in paying, so that the lands when sold be applied to the discharge of it, and for the execution of which, the Congress for the time being, will be the continental trustees.

I proceed now to the second head, viz. Which is the earliest and most practicable plan, RECONCILIATION or INDEPENDENCE? with some occasional remarks.

He who takes nature for his guide is not easily beaten out of his argument and on that ground, I answer *genernally—That* INDEPENDENCE *being* a SINGLE SIMPLE LINE, *contained within ourselves; and reconciliation, a matter exceedingly perplexed and complicated, and in which, a treacherous capricious court is to interfere, gives the answer without a doubt.*

The present state of America is truly alarming to every man who is capable of reflection. Without law, without government, without any other mode of power than what is founded on, and granted by courtesy. Held together by an unexampled concurrence of sentiment which is nevertheless subject to change, and which every secret enemy is endeavouring to dissolve. Our present condition, is, Legislation without law; wisdom without a plan; a constitution without a name; and, what is strangely astonishing, perfect Independence contending for Dependence. The instance is without a precedent; the case never existed before; and who can tell what may be the event? The property of no man is secure in the present unbraced system of things. The mind of the multitude is left at random, and feeling no fixed object before them, they pursue such as fancy or opinion starts. Nothing is criminal; there is no such thing as treason; wherefore, every one thinks himself at liberty to act as he pleases. The Tories dared not to have assembled offensively, had they known that their lives, by that act were forfeited to the laws of the state. A line of distinction should be drawn, between English soldiers taken in battle, and inhabitants of America taken in arms. The first are prisoners, but the latter traitors. The one forfeits his liberty, the other his head.

Notwithstanding our wisdom, there is a visible feebleness in some of our proceedings which gives encouragement to dissensions. The Continental belt is too loosely buckled. And if something is not done in time, it will be too late to do any thing, and we shall fall into a state, in which, neither *reconciliation* nor *independence* will be practicable. The—and his worthless adherents are got at their old game of dividing the Continent, and there are not wanting among us, Printers, who will be busy spreading specious falsehoods. The artful and hypocritical letter which appeared a few months ago in two of the New York papers, and likewise in two others, is an evidence that there are men who want either judgement or honesty.

It is easy getting into holes and comers and talking of reconciliation: But do such men seriously consider, how difficult the task is, and how dangerous it may prove, should the Continent divide thereon. Do they take within their view, all the various orders of men whose situation and circumstances, as well as their own, are to be considered therein. Do they put themselves in the place of the sufferer whose *all* is *already* gone, and of the soldier, who hath quitted *all* for the defence of his country. If their ill-judged moderation be suited to their own private situations *only*, regardless of others, the event will convince them, that 'they are reckoning without their Host'.

Put us, says some, on the footing we were on in sixty-three: To which I answer, the request is not *now* in the power of Britain to comply with, neither will she propose it; but if it were, and even should be granted, I ask, as a reasonable question, By what means is such a corrupt and faithless court to be kept to its engagements? Another parliament, nay, even the present, may hereafter repeal the obligation, on the pretence of its being violently obtained, or unwisely granted; and in that case, Where is our redress? -No going to law with nations; cannon are the barristers of crowns; and the sword, not of justice, but of war, decides the suit. To be on the footing of sixty-three, it is not sufficient, that the laws only be put on the same state, but, that our circumstances, likewise, be put on the same state; our burnt and destroyed towns repaired or built up, our private losses made good, our public debts (contracted for defence) discharged; otherwise, we shall be millions worse than we were at that enviable period. Such a request had it been complied with a year ago, would have won the heart and soul of the Continent, but now it is too late, 'The Rubicon is passed'.

Besides the taking up arms, merely to enforce the repeal of a pecuniary law, seems as unwarrantable by the divine law, and as repugnant to human feelings, as the taking up arms to enforce obedience thereto. The object, on either side, doth not justify the ways and means; for the lives of men are too valuable to be cast away on such trifles. It is the violence which is done and threatened to our persons; the destruction of our property by an armed force; the invasion of our country by fire and sword, which conscientiously qualifies the use of arms: And the instant, in which such a mode of defence became necessary, all subjection to Britain ought to have ceased; and the independency of America should have been considered, as dating its era from, and published by, *the first musket that was fired against her*. This line is a line of consistency; neither drawn by caprice, nor extended by ambition; but produced by a chain of events, of which the colonies were not the authors.

I shall conclude these remarks, with the following timely and well intended hints. We ought to reflect, that there are three different ways by which an independency may hereafter be effected; and that *one* of those *three*, will one day or other, be the fate of America, viz. By the legal voice of the people in Congress; by a military power; or by a mob: It may not always happen that our soldiers are citizens, and the multitude a body of reasonable men; virtue, as I have already remarked, is not hereditary, neither is it perpetual. Should an independency be brought about by the first of those means, we have every opportunity and every encouragement before us, to form the noblest, purest constitution on the face of the earth. We have it in our power to begin the world over again. A situation, similar to the present, hath not happened since the days of Noah until now. The birthday of a new world is at hand, and a race of men perhaps as numerous as all Europe contains, are to receive their portion of freedom from the event of a few months. The Reflection is awful and in this point of view, How trifling, how ridiculous, do the little, paltry cavellings, of a few weak or interested men appear, when weighed against the business of a world.

Should we neglect the present favourable and inviting period, and an independence be hereafter effected by any other means, we must charge the consequence to ourselves, or to those rather, whose narrow and prejudiced souls, are habitually opposing the measure, without either inquiring or reflecting. There are reasons to be given in support of Independence, which men should rather privately think of, than be publicly told of. We ought not now to be debating whether we shall be independent or not, but, anxious to accomplish it on a firm, secure, and honourable basis, and uneasy rather that it is not yet began upon. Every day convinces us of its necessity. Even the Tories (if such beings yet remain among us) should, of all men, be the most solicitous to promote it; for, as the appointment of committees at first, protected them from popular rage, so, a wise and well established form of government, will be the only certain means of continuing it securely to them. *Where fore*, if they have not virtue enough to be WHIGS, they ought to have prudence enough to wish for Independence.

In short, Independence is the only BOND that can tie and keep us together. We shall then see our object, and our ears will be legally shut against the schemes of an intriguing, as well as a cruel enemy. We shall then too, be on a proper footing, to treat with Britain; for there is reason to conclude, that the pride of that court, will be less hurt by treating with the American states for terms of peace, than with those, whom she denominates, 'rebellious subjects', for terms of accommodation. It is our delaying it that encourages her to hope for conquest, and our backwardness tends only to prolong the war. As we have, without any good effect therefrom, withheld our trade to obtain a redress of our grievances, let us *now* try the alternative, by *independently* redressing them ourselves, and then offering to open the trade. The mercantile and reasonable part of England will be still with us; because, peace *with* trade, is preferable to war *without* it. And if this offer be not accepted, other courts may be applied to.

On these grounds I rest the matter. And as no offer hath yet been made to refute the doctrine contained in the former editions of this pamphlet, it is a negative proof, that either the doctrine cannot be refuted, or, that the party in favour of it are too numerous to be opposed. WHEREFORE, instead of gazing at each other with suspicious or doubtful curiosity, let each of us, hold out to his neighbour the hearty hand of friendship, and unite in drawing a line, which, like an act of oblivion, shall bury in forgetfulness every former dissension. Let the names of Whig and Tory be extinct; and let none other be heard among us, than those of *a good citizen, an open and resolute friend, and a virtuous supporter of the* RIGHTS of MANKIND and of the FREE AND INDEPENDENT STATES OF AMERICA.

To the Representatives of the Religious Society of the People called Quakers, or to so many of them as were concerned in publishing a late piece, entitled 'The Ancient Testimony and Principles of the people called Quakers renewed, with respect to the King and Government, and Touching the Commotions now prevailing in these and other parts of America, addressed to the people in general'.

The Writer of this, is one of those few, who never dishonours religion either by ridiculing, or cavilling at any denomination whatsoever. To God, and not to man, are all men accountable on the score of religion. Wherefore, this epistle is not so properly addressed to you as a religious, but as a political body, dabbling in matters, which the professed Quietude of your Principles instructs you not to meddle with.

As you have, without a proper authority for so doing, put yourselves in the place of the whole body of the Quakers, so, the writer of this, in order to be on an equal rank with yourselves, is under the necessity, of putting himself in the place of all those who approve the very writings and principles, against which your testimony is directed: And he hath chosen their singular situation, in order that you might discover in him, that presumption of character which you cannot see in yourselves. For neither he nor you have any claim or title to *Political Representation.*

When men have departed from the right way, it is no wonder that they stumble and fall. And it is evident from the manner in which ye have managed your testimony, that politics, (as a religious body of men) is not your proper Walk; for however well adapted it might appear to you, it is, nevertheless, a jumble of good and bad put unwisely together, and the conclusion drawn therefore, both unnatural and unjust.

The two first pages, (and the whole doth not make four) we give you credit for, and expect the same civility from you, because the love and desire of peace is not confined to Quakerism, it is the *natural,* as well as the religious wish of all denominations of men. And on this ground, as men labouring to establish an Independent Constitution of our own, do we exceed all others in our hope, end, and aim. *Our plan is peace for ever.* Weare tired of contention with Britain, and can see no real end to it but in a final separation. We act consistently, because for the sake of introducing an endless and uninterrupted peace, do we bear the evils and burthens of the present day. We are endeavouring, and will steadily continue to endeavour, to separate and dissolve a connection which hath already filled our land with blood; and which, while the name of it remains, will be the fatal cause of future mischiefs to both countries.

We fight neither for revenge nor conquest; neither from pride nor passion; we are not insulting the world with our fleets and armies, nor ravaging the globe for plunder. Beneath the shade of our own vines are we attacked; in our own houses, and on our own lands, is the violence committed against us.

We view our enemies in the characters of Highwaymen and Housebreakers, and having no defence for ourselves in the civil law, are obliged to punish them by the military one, and apply the sword, in the very case, where you have before now, applied the halter. -Perhaps we feel for the ruined and insulted sufferers in all and every part of the continent, and with a degree of tenderness which hath not yet made its way into some of your bosoms. But be ye sure that ye mistake not the cause and ground of your Testimony. Call not coldness of soul, religion; nor put the *Bigot* in the place of the *Christian*.

O ye partial ministers of your own acknowledged principles. If the bearing arms be sinful, the first going to war must be more so, by all the difference between wilful attack and unavoidable defence. Wherefore, if ye really preach from conscience, and mean not to make a political hobby-horse of your religion, convince the world thereof, by proclaiming your doctrine to our enemies, *for they likewise bear* ARMS. Give us proof of your sincerity by publishing it at St James's, to the commanders in chief at Boston, to the Admirals and Captains who are piratically ravaging our coasts, and to all the murdering miscreants who are acting in authority under HIM whom ye profess to serve. Had ye the honest soul of *Barclay** ye would preach repentance

---

* 'Thou hast tasted of prosperity and adversity; thou knowest what it is to be banished thy native countty, to be over-ruled as well as to rule, and set upon the throne; and being oppressed thou hast reason to know how hatefUl the oppressor is both to God and man: If after all these warnings and advertisements, thou dost not rum unto the Lord with all thy heart, but forget him who remembered thee in thy distress, and give up thyself to follow lust and vanity, surely great will be thy condemnation. —Against which snare, as well as the temptation of those who mayor do feed thee, and prompt thee to evil, the most excellent and prevalent remedy will be, to apply thyself to that light of Christ which shineth in thy conscience and which neither can, nor will flatter thee, nor suffer thee to be at ease in thy sins.' – Barclay's Address to Charles II. —Paine.

to your king; ye would tell the Royal his sins, and warn him of eternal ruin. Ye would not spend your partial invectives against the injured and the insulted only, but like faithful ministers, would cry aloud and *spare none*. Say not that ye are persecuted, neither endeavour to make us the authors of that reproach, which, ye are bringing upon yourselves; for we *testify* unto all men, that we do not complain against you because ye are *Quakers*, but because ye pretend to *be* and are NOT Quakers.

Alas! It seems by the particular tendency of some part of your testimony, and other parts of your conduct, as if all sin was reduced to, and comprehended in *the act of bearing arms*, and that by the *people only*. Ye appear to us, to have mistaken party for conscience, because the general tenor of your actions wants uniformity; and it is exceedingly difficult to us to give credit to many of your pretended scruples; because we see them made by the same men, who, in the very instant that they are exclaiming against the mammon of this world, are nevertheless, hunting after it with a step as steady as Time, and an appetite as keen as Death.

The quotation which ye have made from Proverbs, in the third page of your testimony, that, 'when a man's ways please the Lord, he maketh even his enemies to be at peace with him'; is very unwisely chosen on your part; because it amounts to a proof, that the king's ways (whom ye are so desirous of supporting) do *not* please the Lord, otherwise, his reign would be in peace.

I now proceed to the latter part of your testimony, and that, for which all the foregoing seems only an introduction, viz.

'It hath ever been our judgement and principle, since we were called to profess the light of Christ Jesus, manifested in our consciences unto this day, that the setting up and putting down kings and governments, is God's peculiar prerogative; for causes best known to himself: And that it is not our business to have any hand or contrivance therein; nor to be busy bodies above our station, much less to plot and contrive the ruin, or overturn any of them, but to pray for the king, and safety of our nation, and good of all men: That we may live a peaceable and quiet life, in all goodliness and honesty; *under the government which God is pleased to set over us.'* If these are really your principles why do ye not abide by them? Why do ye not leave that, which ye call God's Work, to be managed by himself? These very principles instruct you to wait with patience and humility, for the event of all public measures, and to receive *that event* as the divine will towards you. *Wherefore*, what occasion is there for your *political testimony* if you fully believe what it contains? And the very publishing it proves, that either, ye do not believe what ye profess, or have not virtue enough to practise what ye believe.

The principles of Quakerism have a direct tendency to make a man the quiet and inoffensive subject of any, and every government *which is set over him*. And if the setting up and putting down of kings and governments is God's peculiar prerogative, he most certainly will not be robbed thereof by us; wherefore, the principle itself leads you to approve of every thing, which ever happened, or may happen to kings as being his work, OLIVER CROMWELL thanks you. CHARLES, then, died not by the hands of man; and should the present Proud Imitator of him, come to the same untimely end, the writers and publishers of the testimony, are bound by the doctrine it contains, to applaud the fact. Kings are not taken away by miracles, neither are changes in governments brought about by any other means than such as are common and human; and such as we are now using. Even the dispersing of the Jews, though foretold by our Saviour, was effected by arms. Wherefore, as ye refuse to be the means on one side, ye ought not to be meddlers on the other; but to wait the issue in silence; and unless you can produce divine authority, to prove, that the Almighty who hath created and placed this *new* world, at the greatest distance it could possibly stand, east and west, from every part of the old, doth, nevertheless, disapprove of its being independent of the corrupt and abandoned court of B-n, unless I say, ye can show this, how can ye, on the ground of your principles, *justify* the exciting and stirring up of the people 'firmly to unite in the *abhorrence* of all such *writings*, and *measures*, as evidence a desire and design to break off the *happy* connection we have hitherto enjoyed, with the kingdom of Great Britain, and our just and necessary subordination to the king, and those who are lawfully placed in authority under him'. What a slap in the face is here! the men, who, in the very paragraph before, have quietly and passively resigned up the ordering, altering, and disposal of kings and governments, into the hands of God, are now recalling their principles, and putting in for a share of the business. Is it possible, that the conclusion, which is here justly quoted, can any ways follow from the doctrine laid down? The inconsistency is too glaring not to be seen; the absurdity too great not to be laughed at; and such as could only have been made by those, whose understandings were darkened by the narrow and crabby spirit of a despairing political party; for ye are not to be considered as the whole body of the Quakers but only as a factional and fractional part thereof.

Here ends the examination of your testimony; (which I call upon no man to abhor, as ye have done, but only to read and judge of fairly;) to which I subjoin the following remark; 'That the setting up and putting down of kings', most certainly mean, the making him a king, who is yet not so, and the making him no king who is already one. And pray what hath this to do in the present case? We neither mean to *set up* nor to *put down*, neither to *make* nor to *unmake*, but to have nothing to *do* with them. Wherefore, your testimony in whatever light it is viewed serves only to dishonour your judgement, and for many other reasons had better have been let alone than published.

First. Because it tends to the decrease and reproach of all religion whatever, and is of the utmost danger to society, to make it a party in political disputes.

Secondly. Because it exhibits a body of men, numbers of whom disavow the publishing political testimonies, as being concerned therein and approvers thereof.

Thirdly. Because it hath a tendency to undo that continental harmony and friendship which yourselves by your late liberal and charitable donations hath lent a hand to establish; and the preservation of which, is of the utmost consequence to us all.

And here without anger or resentment I bid you farewell. Sincerely wishing, that as men and Christians, ye may always fully and uninterruptedly enjoy every civil and religious right; and be, in your turn, the means of securing it to others; but that the example which ye have unwisely set, of mingling religion with politics, *may be disavowed and reprobated by every inhabitant of* AMERICA.

FINIS

>>> **Agrarian Justice**

Author's English Preface

The following little piece was written in the winter of 1795 and '96; and, as I had not determined whether to publish it during the present war, or to wait till the commencement of a peace, it has lain by me, without alteration or addition, from the time it was written.

What has determined me to publish it now is a sermon preached by Watson, Bishop of Llandaff. Some of my readers will recollect, that this Bishop wrote a book entitled An Apology for the Bible, in answer to my second part of The Age of Reason. I procured a copy of his book, and he may depend upon hearing from me on that subject.

At the end of the Bishop's book is a list of the works he has written. Among which is the sermon alluded to; it is entitled: 'The Wisdom and Goodness of God, in having made both Rich and Poor; with an Appendix, containing Reflections on the Present State of England and France.

The error contained in this sermon determined me to publish my Agrarian Justice. It is wrong to say God made rich and poor; He made only male and female; and He gave them the earth for their inheritance...

Instead of preaching to encourage one part of mankind in insolence...it would be better that priests employed their time to render the general condition of man less miserable than it is. Practical religion consists in doing good: and the only way of serving God is that of endeavouring to make His creation happy. All preaching that has not this for its object is nonsense and hypocrisy.

THOMAS PAINE.

Agrarian Justice

To preserve the benefits of what is called civilized life, and to remedy at the same time the evil which it has produced, ought to be considered as one of the first objects of reformed legislation.

Whether that state that is proudly, perhaps erroneously, called civilization, has most promoted or most injured the general happiness of man, is a question that may be strongly contested. On one side, the spectator is dazzled by splendid appearances; on the other, he is shocked by extremes of wretchedness; both of which it has erected. The most affluent and the most miserable of the human race are to be found in the countries that are called civilized.

To understand what the state of society ought to be, it is necessary to have some idea of the natural and primitive state of man; such as it is at this day among the Indians of North America. There is not, in that state, any of those spectacles of human misery which poverty and want present to our eyes in all the towns and streets in Europe.

Poverty, therefore, is a thing created by that which is called civilized life. It exists not in the natural state. On the other hand, the natural state is without those advantages which flow from agriculture, arts, science and manufactures.

The life of an Indian is a continual holiday, compared with the poor of Europe; and, on the other hand it appears to be abject when compared to the rich. Civilization, therefore, or that which is so called, has operated two ways: to make one part of society more affluent, and the other more wretched, than would have been the lot of either in a natural state.

It is always possible to go from the natural to the civilized state, but it is never possible to go from the civilized to the natural state. The reason is that man in a natural state, subsisting by hunting, requires ten times the quantity of land to range over to procure himself sustenance, than would support him in a civilized state, where the earth is cultivated.

When, therefore, a country becomes populous by the additional aids of cultivation, art and science, there is a necessity of preserving things in that state; because without it there cannot be sustenance for more, perhaps, than a tenth part of its inhabitants. The thing, therefore, now to be done is to remedy the evils and preserve the benefits that have arisen to society by passing from the natural to that which is called the civilized state.

In taking the matter upon this ground, the first principle of civilization ought to have been, and ought still to be, that the condition of every person born into the world, after a state of civilization commences, ought not to be worse than if he had been born before that period.

But the fact is that the condition of millions, in every country in Europe, is far worse than if they had been born before civilization began, or had been born among the Indians of North America at the present day. I will show how this fact has happened.

It is a position not to be controverted that the earth, in its natural, uncultivated state was, and ever would have continued to be, the common property of the human race. In that state every man would have been born to property. He would have been a joint life proprietor with the rest in the property of the soil, and in all its natural productions, vegetable and animal.

But the earth in its natural state, as before said, is capable of supporting but a small number of inhabitants compared with what it is capable of doing in a cultivated state. And as it is impossible to separate the improvement made by cultivation from the earth itself, upon which that improvement is made, the idea of landed property arose from that inseparable connection; but it is nevertheless true, that it is the value of the improvement, only, and not the earth itself, that is individual property.

Every proprietor, therefore, of cultivated lands, owes to the community a ground-rent (for I know of no better term to express the idea) for the land which he holds; and it is from this ground-rent that the fund proposed in this plan is to issue.

It is deducible, as well from the nature of the things as from all the histories transmitted to us, that the idea of landed property commenced with cultivation, and that there was no such thing as landed property before that time. It could not exist in the first state of man, that of hunters. It did not exist in the second state, that of shepherds: neither Abraham, Isaac, jacob, nor job, so far as the history of the Bible may be credited in probable things, were owners of land.

Their property consisted, as is always enumerated in flocks and herds, and they travelled with them from place to place. The frequent contentions at that time about the use of a well in the dry country of Arabia, where those people lived, also show that there was no landed property. It was not admitted that land could be claimed as property.

There could be no such thing as landed property originally. Man did not make the earth, and, though he had a natural right to occupy it, he had no right to locate as his property in perpetuity any part of it; neither did the Creator of the earth open a land-office, from whence the first title-deeds should issue. Whence then, arose the idea of landed property? I answer as before, that when cultivation began the idea of landed property began with it, from the impossibility of separating the improvement made by cultivation from the earth itself, upon which that improvement was made.

The value of the improvement so far exceeded the value of the natural earth, at that time, as to absorb it; till, in the end, the common right of all became confounded into the cultivated right of the individual. But there are, nevertheless, distinct species of rights, and will continue to be, so long as the earth endures.

It is only by tracing things to their origin that we can gain rightful ideas of them, and it is by gaining such ideas that we discover the boundary that divides right from wrong, and teaches every man to know his own. I have entitled this tract 'Agrarian justice' to distinguish it from 'Agrarian Law'.

Nothing could be more unjust than agrarian law in a country improved by cultivation; for though every man, as an inhabitant of the earth, is a joint proprietor of it in its natural state, it does not follow that he is a joint proprietor of cultivated earth. The additional value made by cultivation, after the system was admitted, became the property of those who did it, or who inherited it from them, or who purchased it. It had originally no owner. While, therefore, I advocate the right, and interest myself in the hard case of all those who have been thrown out of their natural inheritance by the introduction of the system of landed property, I equally defend the right of the possessor to the part which is his.

Cultivation is at least one of the greatest natural improvements ever made by human invention. It has given to created earth a tenfold value. But the landed monopoly that began with it has produced the greatest evil. It has dispossessed more than half the inhabitants of every nation of their natural inheritance, without providing for them, as ought to have been done, an indemnification for that loss, and has thereby created a species of poverty and wretchedness that did not exist before.

In advocating the case of the persons thus dispossessed, it is a right, and not a charity, that I am pleading for. But it is that kind of right which, being neglected at first, could not be brought forward afterwards till heaven had opened the way by a revolution in the system of government. Let us then do honour to revolutions by justice, and give currency to their principles by blessings.

Having thus in a few words, opened the merits of the case, I shall now proceed to the plan I have to propose, which is,

To create a national fund, out of which there shall be paid to every person, when arrived at the age of twenty-one years, the sum of fifteen pounds sterling, as a compensation in part, for the loss of his or her natural inheritance, by the introduction of the system of landed property:

And also, the sum of ten pounds per annum, during life, to every person now living, of the age of fifty years, and to all others as they shall arrive at that age.

Means by which the Fund is to be Created

I have already established the principle, namely, that the earth, in its natural uncultivated state was, and ever would have continued to be, the common property of the human race; that in that state, every person would have been born to property; and that the system of landed property, by its inseparable connection with cultivation, and with what is called civilized life, has absorbed the property of all those whom it dispossessed, without providing, as ought to have been done, an indemnification for that loss.

The fault, however, is not in the present possessors. No complaint is intended, or ought to be alleged against them, unless they adopt the crime by opposing justice. The fault is in the system, and it has stolen imperceptibly upon the world, aided afterwards by the agrarian law of the sword. But the fault can be made to reform itself by successive generations; and without diminishing or deranging the property of any of the present possessors, the operation of the fund can yet commence, and be in full activity, the first year of its establishment, or soon after, as I shall show.

It is proposed that the payments, as already stated, be made to every person, rich or poor. It is best to make it so, to prevent invidious distinctions. It is also right it should be so, because it is in lieu of the natural inheritance, which, as a right, belongs to every man, over and above the property he may have created, or inherited from those who did. Such persons as do not choose to receive it can throw it into the common fund.

Taking it then for granted that no person ought to be in a worse condition when born under what is called a state of civilization, than he would have been had be been born in a state of nature, and that civilization ought to have made, and ought still to make, provision for that purpose, it can only be done by subtracting from property a portion equal in value to the natural inheritance it has absorbed.

Various methods may be proposed for this purpose, but that which appears to be the best (not only because it will operate without deranging any present possessors, or without interfering with the collection of taxes or emprunts necessary for the purposes of government and the Revolution, but because it will be the least troublesome and the most effectual, and also because the subtraction will be made at a time that best admits it) is at the moment that property is passing by the death of one person to the possession of another. In this case, the bequeather gives nothing: the receiver pays nothing. The only matter to him is that the monopoly of natural inheritance, to which there never was a right, begins to cease in his person. A generous man would not wish it to continue, and a just man will rejoice to see it abolished.

My state of health prevents my making sufficient inquiries with respect to the doctrine of probabilities, whereon to found calculations with such degrees of certainty as they are capable of. What, therefore, I offer on this head is more the result of observation and reflection than of received information; but I believe it will be found to agree sufficiently with fact. In the first place, taking twenty-one years as the epoch of maturity, all the property of a nation, real and personal, is always in the possession of persons above that age. It is then necessary to know, as a datum of calculation, the average of years which persons above that age will live. I take this average to be about thirty years, for though many persons will live forty, fifty, or sixty years, after the age of twenty-one years, others will die much sooner, and some in every year of that time.

Taking, then, thirty years as the average of time, it will give, without any material variation one way or other, the average of time in which the whole property or capital of a nation, or a sum equal thereto, will have passed through one entire revolution in descent, that is, will have gone by deaths to new possessors; for though, in many instances, some parts of this capital will remain forty, fifty, or sixty years in the possession of one person, other parts will have revolved two or three times before those thirty years expire, which will bring it to that average; for were one-half the capital of a nation to revolve twice in thirty years, it would produce the same fund as if the whole revolved once.

Taking, then, thirty years as the average of time in which the whole capital of a nation, or a sum equal thereto, will revolve once, the thirtieth part thereof will be the sum that will revolve every year, that is, will go by deaths to new possessors; and this last sum being thus known, and the ratio percent to be subtracted from it determined, it will give the annual amount or income of the proposed fund, to be applied as already mentioned.

In looking over the discourse of the English Minister, Pitt, in his opening of what is called in England the budget (the scheme of finance for the year 1796), I find an estimate of the national capital of that country. As this estimate of a national capital is prepared ready to my hand, I take it as a datum to act upon. When a calculation is made upon the known capital of any nation, combined with its population, it will serve as a scale for any other nation, in proportion as its capital and population be more or less.

I am the more disposed to take this estimate of Mr Pitt, for the purpose of showing to that minister, upon his own calculation, how much better money may be employed than in wasting it, as he has done, on the wild project of setting up Bourbon kings. What, in the name of heaven, are Bourbon kings to the people of England? It is better that the people have bread.

Mr Pitt states the national capital of England, real and personal, to be one thousand three hundred millions sterling, which is about one-fourth part of the national capital of France, including Belgia. The event of the last harvest in each country proves that the soil of France is more productive than that of England, and that it can better support twenty-four or twenty-five millions of inhabitants than that of England can seven or seven and a half millions.

The thirtieth part of this capital of £1,300,000,000 is £43,333,333 which is the part that will revolve every year by deaths in that country to new possessors; and the sum that will annually revolve in France in the proportion of four to one, will be about one hundred and seventy-three millions sterling. From this sum of £43,333,333 annually revolving, is to be subtracted the value of the natural inheritance absorbed in it, which, perhaps, in fair justice, cannot be taken at less, and ought not to be taken for more, than a tenth part.

It will always happen that of the property thus revolving by deaths every year a part will descend in a direct line to sons and daughters, and the other part collaterally, and the proportion will be found to be about three to one; that is, about thirty millions of the above sum will descend to direct heirs, and the remaining sum of £13,333,333 to more distant relations, and in part to strangers.

Considering, then, that man is always related to society, that relationship will become comparatively greater in proportion as the next of kin is more distant; it is therefore consistent with civilization to say that where there are no direct heirs society shall be heir to a part over and above the tenth part due to society.

If this additional part be from five to ten or twelve per cent, in proportion as the next of kin be nearer or more remote, so as to average with the escheats that may fall, which ought always to go to society and not to the government (an addition of ten per cent more), the produce from the annual sum of £43,333,333 will be:

From £30,000,000 at ten per cent	£3,000,000
From £13,333,333 at ten per cent with the addition of ten per cent more	2,666,666
£43,333,333	£5,666,666

Having thus arrived at the annual amount of the proposed fund, I come, in the next place, to speak of the population proportioned to this fund and to compare it with the uses to which the fund is to be applied.

The population (I mean that of England) does not exceed seven millions and a half, and the number of persons above the age of fifty will in that case be about four hundred thousand. There would not, however, be more than that number that would accept the proposed ten pounds sterling per annum, though they would be entitled to it. I have no idea it would be accepted by many persons who had a yearly income of two or three hundred pounds sterling. But as we often see instances of rich people falling into sudden poverty, even at the age of sixty, they would always have the right of drawing all the arrears due to them. Four millions, therefore, of the above annual sum of £5,666,666 will be required for four hundred thousand aged persons, at ten pounds sterling each.

I come now to speak of the persons annually arriving at twenty-one years of age. If all the persons who died were above the age of twenty-one years, the number of persons annually arriving at that age must be equal to the annual number of deaths, to keep the population stationary. But the greater part die under the age of twenty-one, and therefore the number of persons annually arriving at twenty-one will be less than half the number of deaths.

The whole number of deaths upon a population of seven millions and an halfwill be about 220,000 annually. The number arriving at twenty-one years of age will be about 100,000. The whole number of these will not receive the proposed fifteen pounds, for the reasons already mentioned, though, as in the former case, they would be entitled to it. Admitting then that a tenth part declined receiving it, the amount would stand thus:

Fund annually	£5,666,666
To 400,000 aged persons at £10 each	£4,000,000
To 90,000 persons of 21 yrs, £15 ster. each	1,350,000
	5,350,000
Remains	£ 316,666

There are, in every country, a number of blind and lame persons totally incapable of earning a livelihood. But as it will always happen that the greater number of blind persons will be among those who are above the age of fifty years, they will be provided for in that class. The remaining sum of £316,666 will provide for the lame and blind under that age, at the same rate of £10 annually for each person.

Having now gone through all the necessary calculations, and stated the particulars of the plan, I shall conclude with some observations.

It is not charity but a right, not bounty but justice, that I am pleading for. The present state of civilization is as odious as it is unjust. It is absolutely the opposite of what it should be, and it is necessary that a revolution should be made in it. The contrast of affluence and wretchedness continually meeting and offending the eye, is like dead and living bodies chained together. Though I care as little about riches as any man, I am a friend to riches because they are capable of good.

I care not how affluent some may be, provided that none be miserable in consequence of it. But it is impossible to enjoy affluence with the felicity it is capable of being enjoyed, while so much misery is mingled in the scene. The sight of the misery, and the unpleasant sensations it suggests, which, though they may be suffocated cannot be extinguished, are a greater drawback upon the felicity of affluence than the proposed ten per cent upon property is worth. He that would not give the one to get rid of the other has no charity, even for himself

There are, in every country, some magnificent charities established by individuals. It is, however, but little that any individual can do, when the whole extent of the misery to be relieved is considered. He may satisfy his conscience, but not his heart. He may give all that he has, and that all will relieve but little. It is only by organizing civilization upon such principles as to act like a system of pulleys, that the whole weight of misery can be removed.

The plan here proposed will reach the whole. It will immediately relieve and take out of view three classes of wretchedness, the blind, the lame, and the aged poor; and it will furnish the rising generation with means to prevent their becoming poor; and it will do this without deranging or interfering with any national measures.

To show that this will be the case, it is sufficient to observe that the operation and effect of the plan will, in all cases, be the same as if every individual were voluntarily to make his will and dispose of his property in the manner here proposed.

But it is justice, and not charity, that is the principle of the plan. In all great cases it is necessary to have a principle more universally active than charity; and, with respect to justice, it ought not to be left to the choice of detached individuals whether they will do justice or not. Considering, then, the plan on the ground of justice, it ought to be the act of the whole growing spontaneously out of the principles of the revolution, and the reputation of it ought to be national and not individual.

A plan upon this principle would benefit the revolution by the energy that springs from the consciousness of justice. It would multiply also the national resources; for property, like vegetation, increases by offsets. When a young couple begin the world, the difference is exceedingly great whether they begin with nothing or with fifteen pounds apiece. With this aid they could buy a cow, and implements to cultivate a few acres of land; and instead of becoming burdens upon society, which is always the case where children are produced faster than they can be fed, would be put in the way of becoming useful and profitable citizens. The national domains also would sell the better if pecuniary aids were provided to cultivate them in small lots.

It is the practice of what has unjustly obtained the name of civilization (and the practice merits not to be called either charity or policy) to make some provision for persons becoming poor and wretched only at the time they become so. Would it not, even as a matter of economy, be far better to adopt means to prevent their becoming poor? This can best be done by making every person when arrived at the age of twenty-one years an inheritor of something to begin with.

The rugged face of society, chequered with the extremes of affiuence and want, proves that some extraordinary violence has been committed upon it, and calls on justice for redress. The great mass of the poor in all countries are become an hereditary race, and it is next to impossible for them to get out of that state of themselves. It ought also to be observed that this mass increases in all countries that are called civilized. More persons fall annually into it than get out of it.

Though in a plan of which justice and humanity are the foundation-principles, interest ought not to be admitted into the calculation, yet it is always of advantage to the establishment of any plan to show that it is beneficial as a matter of interest. The success of any proposed plan submitted to public consideration must finally depend on the numbers interested in supporting it, united with the justice of its principles.

The plan here proposed will benefit all, without injuring any. It will consolidate the interest of the republic with that of the individual. To the numerous class dispossessed of their natural inheritance by the system oflanded property it will be an act of national justice. To persons dying possessed of moderate fortunes it will operate as a tontine to their children, more beneficial than the sum of money paid into the fund: and it will give to the accumulation of riches a degree of security that none of the old governments of Europe, now tottering on their foundations, can give.

I do not suppose that more than one family in ten, in any of the countries of Europe, has, when the head of the family dies, a clear property left of five hundred pounds sterling. To all such the plan is advantageous. That property would pay fifty pounds into the fund, and if there were only two children under age they would receive fifteen pounds each (thirty pounds), on coming of age, and be entitled to ten pounds a year after fifty.

It is from the overgrown acquisition of property that the fund will support itself; and I know that the possessors of such property in England, though they would eventually be benefited by the protection of nine-tenths of it, will exclaim against the plan. But without entering into any inquiry how they came by that property, let them recollect that they have been the advocates of this war, and that Mr Pitt has already laid on more new taxes to be raised annually upon the people of England, and that for supporting the despotism of Austria and the Bourbons against the liberties of France, than would pay annually all the sums proposed in this plan.

I have made the calculations stated in this plan, upon what is called personal, as well as upon landed property. The reason for making it upon land is already explained; and the reason for taking personal property into the calculation is equally well founded though on a different principle. Land, as before said, is the free gift of the Creator in common to the human race. Personal property is the effect of society; and it is as impossible for an individual to acquire personal property without the aid of society, as it is for him to make land originally.

Separate an individual from society, and give him an island or a continent to possess, and he cannot acquire personal property. He cannot be rich. So inseparably are the means connected with the end, in all cases, that where the former do not exist the latter cannot be obtained. All accumulation, therefore, of personal property, beyond what a man's own hands produce, is derived to him by living in society; and he owes on every principle of justice, of gratitude, and of civilization, a part of that accumulation back again to society from whence the whole came.

This is putting the matter on a general principle, and perhaps it is best to do so; for if we examine the case minutely it will be found that the accumulation of personal property is, in many instances, the effect of paying too little for the labour that produced it; the consequence of which is that the working hand perishes in old age, and the employer abounds in affluence.

It is, perhaps, impossible to proportion exactly the price oflabour to the profits it produces; and it will also be said, as an apology for the injustice, that were a workman to receive an increase of wages daily he would not save it against old age, nor be much better for it in the interim. Make, then, society the treasurer to guard it for him in a common fund; for it is no reason that, because he might not make a good use of it for himself, another should take it.

The state of civilization that has prevailed throughout Europe, is as unjust in its principle, as it is horrid in its effects; and it is the consciousness of this, and the apprehension that such a state cannot continue when once investigation begins in any country, that makes the possessors of property dread every idea of a revolution. It is the hazard and not the principle of revolutions that retards their progress. This being the case, it is necessary as well for the protection of property as for the sake of justice and humanity, to form a system that, while it preserves one part of society from wretchedness, shall secure the other from depredation.

The superstitious awe, the enslaving reverence, that

formerly surrounded affluence, is passing away in all countries, and leaving the possessor of property to the convulsion of accidents. When wealth and splendour, instead of fascinating the multitude, excite emotions of disgust; when, instead of drawing forth admiration, it is beheld as an insult upon wretchedness; when the ostentatious appearance it makes serves to call the right of it in question, the case of property becomes critical, and it is only in a system of justice that the possessor can contemplate security.

To remove the danger, it is necessary to remove the antipathies, and this can only be done by making property productive of a national blessing, extending to every individual. When the riches of one man above another shall increase the national fund in the same proportion; when it shall be seen that the prosperity of that fund depends on the prosperity of individuals; when the more riches a man acquires, the better it shall be for the general mass; it is then that antipathies will cease, and property be placed on the permanent basis of national interest and protection.

I have no property in France to become subject to the plan I propose. What I have, which is not much, is in the United States of America. But I will pay one hundred pounds sterling towards this fund in France, the instant it shall be established; and I will pay the same sum in England, whenever a similar establishment shall take place in that country.

A revolution in the state of civilization is the necessary companion of revolutions in the system of government. If a revolution in any country be from bad to good, or from good to bad, the state of what is called civilization in that country, must be made conformable thereto, to give that revolution effect.

Despotic government supports itself by abject civilization, in which debasement of the human mind, and wretchedness in the mass of the people, are the chief criterions. Such governments consider man merely as an animal; that the exercise of intellectual faculty is not his privilege; that he has nothing to do with the laws but to obey them*; and they politically depend more upon breaking the spirit of the people by poverty, than they fear enraging it by desperation.

It is a revolution in the state of civilization that will give perfection to the Revolution of France. Already the conviction that government by representation is the true system of government is spreading itself fast in the world. The reasonableness of it can be seen by all. The justness of it makes itself felt even by its opposers. But when a system of civilization, growing out of that system of government, shall be so organized that not a man or woman born in the Republic but shall inherit some means of beginning the world, and see before them the certainty of escaping the miseries that under other governments accompany old age, the Revolution of France will have an advocate and an ally in the heart of all nations.

An army of principles will penetrate where an army of soldiers cannot; it will succeed where diplomatic management would fail: it is neither the Rhine, the Channel, nor the ocean that can arrest its progress: it will march on the horizon of the world, and it will conquer.

Means for Carrying the Proposed Plan into Execution, and

---

* An expression used by Bishop Horsley in the Parliament of England. —Paine.

to Render it at the Same Time Conducive to the Public Interest

I. Each canton shall elect in its primary assemblies, three persons, as commissioners for that canton, who shall take cognizance, and keep a register of all matters happening in that canton, conformable to the charter that shall be established by law for carrying this plan into execution.

II. The law shall fix the manner in which the property of deceased persons shall be ascertained.

III. When the amount of the property of any deceased persons shall be ascertained, the principal heir to that property, or the eldest of the co-heirs, if of lawful age, or if under age, the person authorized by the will of the deceased to represent him or them, shall give bond to the commissioners of the canton to pay the said tenth part thereof in four equal quarterly payments, within the space of one year or sooner, at the choice of the payers. One-half of the whole property shall remain as a security until the bond be paid off.

IV. The bond shall be registered in the office of the commissioners of the canton, and the original bonds shall be deposited in the national bank at Paris. The bank shall publish every quarter of a year the amount of the bonds in its possession, and also the bonds that shall have been paid off, or what parts thereof, since the last quarterly publication.

V. The national bank shall issue bank notes upon the security of the bonds in its possession. The notes so issued, shall be applied to pay the pensions of aged persons, and the compensations to persons arriving at twenty-one years of age. It is both reasonable and generous to suppose, that persons not under immediate necessity, will suspend their right of drawing on the fund, until it acquire, as it will do, a greater degree of ability. In this case, it is proposed, that an honorary register be kept, in each canton, of the names of the persons thus suspending that right, at least during the present war.

VI. As the inheritors of property must always take up their bonds in four quarterly payments, or sooner if they choose, there will always be numeraire [cash] arriving at the bank after the expiration of the first quarter, to exchange for the bank notes that shall be brought in.

VII. The bank notes being thus put in circulation, upon the best of all possible security, that of actual property, to more than four times the amount of the bonds upon which the notes are issued, and with numeraire continually arriving at the bank to exchange or pay them off whenever they shall be presented for that purpose, they will acquire a permanent value in all parts of the Republic. They can therefore be received in payments of taxes, or emprunts equal to numeraire, because the Government can always receive numeraire for them at the bank.

VIII. It will be necessary that the payments of the ten per cent be made in numeraire for the first year from the establishment of the plan. But after the expiration of the first year, the inheritors of property may pay ten per cent either in bank notes issued upon the fund, or in numeraire.

If the payments be in numeraire, it will lie as a deposit at the bank, to be exchanged for a quantity of notes equal to that amount; and if in notes issued upon the fund, it will cause a demand upon the fund equal thereto; and thus the operation of the plan will create means to carry itself into execution.